MANTEN

LA PBOCA

CERRADA

NINGUN SUEÑO ES DEMACIADO GRANDE

Este libro, escrito sin el peso de la experiencia, contiene tanto imperfecciones como potencial. Escuche atentamente querido lector, porque su mensaje resuena a traves del tiempo y las circunstancias: **No se demore esperando el difícil momento perfecto.** Las arenas de las oportunidades se nos escapan de las manos y el reloj de arena del destino no espera a nadie.

Hoy— ese humilde lienzo sobre el que pintamos nuestras aspiraciones, es el terreno fértil donde los sueños echan raíces. No importa si albergas la ambición de crear una empresa, tejer cuentos en libros, componer melodías que bailen en el aire o conjurar magia cinematográfica. La génesis se encuentra en el presente, donde la intención se encuentra con la acción.

Fija una fecha de partida, amigo mío. Márcalo en el calendario de tu alma. Que sea un faro, una Estrella Polar que guíe sus esfuerzos. Sin una fecha límite, los sueños languidecen en el nebuloso reino del "algún día". Pero con una fecha grabada con tinta, convocas las fuerzas del compromiso y la urgencia.

Y ahora, un secreto susurrado: **Manten la boca cerrada.** Guarda tu visión como un dragón atesora su tesoro. Compártelo selectivamente, porque no todos los oídos están sintonizados con la sinfonía de los deseos de tu corazón. Habla sólo con aquellos que avivan las llamas, que susurran aliento a los vientos de la incertidumbre.

Pero recuerda esto: el silencio por sí solo no genera sueños. **La Accion—**, ese herrero incansable, convierte las ideas en bruto en realidad. Arremángate, empuña tus herramientas y avanza. Pulgada a pulgada, pulsación de tecla a pulsación, pincelada a pincelada, teje el tapiz de tu destino.

Entonces, compañero soñador, presta atención a estas palabras: **Ningun sueño es demasiado grande.** El cosmos conspira a tu favor, esperando tus audaces pinceladas sobre el lienzo de la existencia. Se levanta el telón; el escenario espera. Sea el centro de atención y deje que sus sueños se desplieguen como pancartas al viento.

Por hoy, amigo mío, es el día en que comienzas.

- **Copyright Page**

Glosario

Calate: Joven o adolesente

Calaberita: una clavasa que marcamos con ojos y dientes para salir a pedir dulces en el dia de los muertos en mexico

¿Por qué tienes que cerrar la boca cada vez que puedes?

"Un pez con la boca cerrada evita el anzuelo."

Si tienes la respuesta a esa pregunta, probablemente sea porque has tenido una situación donde simplemente mantener la boca cerrada habría sido mejor de lo que fue. Hablamos para mostrar nuestra presencia o para sentirnos importantes frente a las personas.

El silencio te llevará a lugares mágicos a los que no podrías llegar antes solo porque no sabías cómo cerrar la boca. A veces, probablemente pienses que tu opinión es necesaria, pero créeme, suele ser inútil y puede llevarte a una situación que no te gustará.

TABLA DE CONTENIDO

CHAPTER 1: ……………………….EN EL TRABAJO

CHAPTER 2: ……………………….EN LAS RELACIONES

CHAPTER 3:……………………….EN EL GIMNACIO

CHAPTER 4:……………………….EN LA ESCUELA

CHAPTER 5: ……………………….TU SIGUIENTE MOVIMIENTO

CHAPTER 6: ……………………….HACIENDO DINERO $$$

CHAPTER 7: ……………………….EN TUS LOGROS

CHAPTER 8: ……………………….TUS SENTIMIENTOS

CHAPTER 9: ……………………….TUS SUEÑOS

EN EL TRABAJO 1

"Trabaja duro cada día y ayuda a otros tanto como sea posible." - GEOVANNY ESTRADA.

Cuando pisas el camino trillado del esfuerzo, tus colegas se convierten en compañeros en el gran teatro de la empresa. La colaboración, dicen, es la savia de todo progreso— una verdad grabada en las mismas piedras del camino de la riqueza. Sin embargo, mi relato teje un hilo diferente, una nota de advertencia para aquellos que se atreven a soñar más allá de lo mundano. Existe un delicado baile entre compartir tus pensamientos y resguardarlos como gemas preciosas

Imagínate a mí, un humilde trabajador en las llanuras bañadas por el sol de Dakota del Sur. La tierra reseca fue testigo de mi revelación susurrada—una idea, una chispa que danzaba en mi mente como un espejismo en el desierto. Me volví hacia mi compañero, ojos brillantes, y compartí mi plan clandestino: "Imploraremos a nuestro supervisor por un día completo de tareas. Sin descanso, sin momentos ociosos—solo trabajo inquebrantable para terminando las tareas podamos ir temprano a casa.

Mi compañero, bendito sea su corazón voluble, asintió en acuerdo. "Geo", dijo, "has encontrado un atajo hacia la libertad, un boleto a casa antes del crepúsculo". Pero, ay, los vientos de la traición se alzaron. Al reunirse con nuestro supervisor, mi compañero reveló mi secreto como un escriba torpe que vuelca su tintero. Su conversación susurrada resonó por los pasillos:

"Jon", comenzó mi compañero, fingiendo inocencia, "¿podemos salir temprano? Aun si nuestras cargas diarias se aligeran".

Jon, nuestro severo supervisor, lo miró con una mirada muy implacable. "¡Por supuesto que no!", grito. "¿Por qué preguntar lo obvio? Y Geo— nuestro soñador incansable— que trabaje hasta la hora de la liberacion".

De esto, extraje una lección grabada en cuneiforme en mi alma: **el silencio es la moneda de los sabios**. Escucha, y atiende estas verdades ancestrales:

1. **El Arte de la Quietud**: En medio del clamor del mercado, encuentra consuelo en la quietud. Deja que tus oídos beban profundamente de la fuente de las palabras ajenas. Pues en el silencio, la sabiduría florece como la flor del desierto tras la lluvia.

2. **El Camino Invisible**: No toda idea merece proclamación. Guarda tus reflexiones como un avaro guarda su oro. Busca consejo, pero cuidado con los falsos consejos o aquellos que son tontos.

3. **La Danza del Equilibrio**: El silencio no debe envolver tu voz para siempre. Cuando la necesidad llame, habla, con audacia y sabiduría. Pues incluso los dioses susurraron secretos a los mortales cuando las estrellas se alinearon.

4. **El Tapiz del Trabajo**: El trabajo, amigo mío, es cincel y lienzo. Labra tu destino con diligencia, pero deja que la alegría sea tu pincelada. Busca tareas

que enciendan tu espíritu, pues allí reside la verdadera riqueza.

Y así, querido lector, recuerda: **hablar o callar—ambos caminos conducen al destino.** Elige sabiamente.

EN EL TRABAJO 2

En 2009, después de graduarme de la escuela secundaria, intenté ingresar a una escuela de ingeniería civil para la universidad, pero no pasé el examen de ingreso, así que no pude ir a la universidad ese año. Mis amigos que no pasaron el examen en diferentes universidades fueron a algunas universidades que no requerían hacer exámenes de ingreso porque cualquiera podía ir allí, pero las carreras estaban limitadas, así que tenías que estudiar algo que tal vez no quisieras; la mayoría de mis amigos fueron allí, y me presionaron para que fuera con ellos porque era fácil entrar, pero no fui. En lugar de eso, busqué mi primer trabajo de tiempo completo.

Raúl fue uno de mis primeros jefes. El primero fue Gera, pero Raúl fue mi jefe a tiempo completo. Él me enseñó cómo trabajar ya que no sabía mucho sobre el cultivo de flores; me preguntó por qué quería trabajar en su empresa de flores. Le expliqué mi situación y él estuvo feliz de darme una oportunidad allí.

Todo iba bien hasta que decidí empezar a compartir parte de mis sueños en la empresa. Ai en la empresa había mucho bulling a quienes les encantaba burlarse de los sueños de los demás y hacerte sentir como si nunca fueras lo suficientemente bueno para cualesquiera que fueran tus estúpidos sueños. Un día, Raúl me preguntó qué quería hacer en la vida. Respondí que quería ser ingeniero civil y tener una camioneta grande como Monster truck. Uno de los que trabaja con nosotros estaba ecuchando la conversación y se unió inmediatamente con una risa extensa y fuerte seguida de una broma: ¿qué dijiste? Me preguntó si podía repetir eso. Y le dije que sí, que quiero ser ingeniero civil y tener una camioneta que parezca una monster truck: jaja jaja jajaja él se estaba riendo; el único monstruo que tendrás en la vida es tu monstruosa cara; ya tienes una cara de monstruo calate y se estaba riendo y burlando por eso. Durante barias semanas, fui la razón por la que se reían.

Después de esa situación, empecé a pensar que no debería hablar sobre mis sueños en el trabajo porque eso puede ser peligroso. A menos que quiera ser molestado o si no me importa que la gente se ría de mí, entonces es una buena idea compartir nuestras cosas con otros, pero me dije a mí mismo que debería mantener la Pboca cerrada por primera vez.

EN EL TRABAJO 3

La gente no siempre se sentirá bien con tus logros y el éxito que puedas alcanzar en la vida; al menos tienes tres amigos a quienes no les gusta cuando hablas sobre lo excelente que es tu trabajo, cómo tu jefe te da vacaciones y recibes un aumento. Pensarás que tu familia es una excepción, ¿pero sabes qué? No, estás equivocado si piensas que es una buena idea contarles a tus amigos y a otras personas lo bien que te va en el trabajo, déjame decirte por qué.

Estaba muy emocionado cuando empecé a trabajar como ingeniero en una gran empresa. Después de luchar con la escuela durante más de cinco años porque me uní al ejército de los estados unidos y mis calificaciones no eran las mejores, batallando con clases y trabajos para pagar mi alquiler y comida, conocí a un gran profesor llamado Scott. El Dr. Scott vio que luchaba para graduarme y me ayudó a graduarme un semestre antes. Conseguí mi primer trabajo como ingeniero y estaba ganando dinero que nunca antes había visto en mi bolsillo, así que me emocioné y quise compartir esa emoción con mis amigos y familiares. Le dije a mi mamá que tenía un buen trabajo y estaba ganando buen dinero para que ella pudiera estar feliz y no se preocupara por mí. También se lo conté a mis amigos, y al principio, parecía que se alegraban, pero algunos de ellos comenzaron a pedir dinero prestado, y uno dijo: ¡Oye! Geo, ahora estás ganando buen dinero. ¿Puedo pedirte prestado algo? Le dije que me gustaría prestarle, pero aún en ese momento, recién estaba empezando, y necesitaba pagar algunas deudas; otro me dio un consejo; me dijo: "Oye Geo, me alegra que estés ganando dinero, pero toma este consejo, mantén la boca cerrada y no compartas cuánto estás ganando porque tus amigos comenzarán a pedirte dinero y si están teniendo dificultades con el dinero es probable que no te lo paguen. Puedes perder un amigo y ayudar a todas las personas que puedas, pero cuando intentas ayudar a alguien, luego pueden verte como una mala persona si les pides que te devuelvan tu dinero. Acepté el consejo de mi amigo y pude ayudar a algunos amigos sin ponerlos ni ponerme en una situación en la que ya no pudiéramos ser amigos, así que querido lector, no compartas cuánto estás ganando con demasiadas personas.

AT WORK 4

La idea aquí es que puedes evitarte problemas si aprendes a controlarte para hablar, ya sea porque estás demasiado emocionado y quieres compartir con otros o porque sientes presión en tu trabajo. Tienes que ser visible o sentir que estás haciendo tu trabajo y te sientes importante.

Pueden ocurrir algunas consecuencias dependiendo de cómo hables, no solo meterte en problemas sino también perder lo que ya tienes. Mi mamá trabajaba en el hotel y estaba en un programa único que ayuda a los trabajadores con algo de dinero extra. Todo iba genial hasta aquí, pero después de un año, ese programa ya no estaba disponible para las nuevas contrataciones, así que ya no podían obtener el beneficio. Mi mamá era demasiado amable para compartir con los nuevos empleados que estaba recibiendo dinero extra. Gracias a este hermoso programa, pero ella no sabía que el programa se había reiniciado y cancelado y ya no estaba disponible para los nuevos trabajadores. Después de compartir esto con otros, como es costumbre en los humanos sentir celos de que otros estén recibiendo más que nosotros por aparentemente hacer el mismo trabajo, los compañeros de trabajo de mi mamá cuando hablaron con el gerente y dijeron, oye, yo también quiero estar en el programa en el que ella está, también quiero recibir dinero extra por el trabajo que estoy haciendo, o vamos a renunciar porque eso no es justo para los demás. El gerente intentó explicar que era un programa antiguo y ya no estaba disponible, pero los nuevos trabajadores no estaban contentos con eso; querían que todos tuvieran las mismas oportunidades y beneficios para que fueran tratados de la misma manera. El gerente tuvo que darles a todos los empleados las mismas oportunidades y beneficios, así que ¿adivina qué pasa después? El gerente sacó a mi mamá de ese programa, y ella perdió el dinero extra que estaba recibiendo solo porque estaba demasiado emocionada de ayudar a los demás y contarles cómo también podrían estar allí. No sé si mi mamá hizo bien al contarles a otros sobre su programa de beneficios o no, pero algo de lo que estoy seguro es que si no hubiera hablado sobre ese beneficio, todavía lo tendría, así que te dejo sacar tus conclusiones sobre este caso.

EN EL TRABAJO 5

Elegir el silencio sobre la confrontación proporciona el espacio necesario para que las emociones se calmen, permitiendo una discusión más racional y objetiva más adelante. Es fácil enojarse cuando alguien en el trabajo nos ordena hacer algo o el supervisor actúa como el jefe y nos ordena algo como ¡Oye! ¿Terminaste el informe que te dije que hicieras la semana pasada? ¡Oye, ¿tienes hasta hoy para terminar el trabajo en el que estás trabajando? ¿Oye, en qué estás trabajando en este momento? Hay algunos ejemplos de cuando tenemos que quedarnos callados, aunque queremos responder con un cómodo vete a la mierda, hazlo tú mismo. Sí, eso se sentirá cómodo, pero no es recomendable si queremos mantener nuestros trabajos.

Tuve un jefe así; creo que todos tienen, tuvieron o tendrán un jefe o supervisor que, en algún momento, nos gritará y demostrará que es mejor que nosotros porque es el dueño o tiene un puesto más alto que nosotros en este momento.

Cuando trabajaba como ingeniero, pensaba que mi supervisor era el peor; cada vez que venía corriendo a mi oficina, tratando de sorprenderme en mi teléfono o sin trabajar en la computadora para que pudiera empezar a gritarme que debería estar ocupado todo el tiempo, aunque estábamos trabajando 12 horas al día, él pensaba que debería estar ocupado haciendo algo todo el tiempo porque cada minuto cuenta. Creo que es necesario ser productivo en el trabajo, pero a algunas personas les gusta micromanejar, lo cual es una de las cosas más estresantes.

Mi recomendación aquí es que si tienes a alguien que te irrita así en el trabajo, no digas nada en ese momento, mantén la boca cerrada y comienza a buscar un mejor trabajo porque creo que todos en cualquier empresa deben ser tratados con respeto, de hecho, necesitamos dinero de los trabajos de las empresas, pero las empresas también necesitan nuestro trabajo y créeme si decides seguir adelante y arriesgarte a trabajar en algo que te gusta, no importa la situación en la que te encuentres, las cosas eventualmente serán mejores y serás más feliz.

EN EL TRABAJO 6

¿Alguna vez has escuchado el término "piensa antes de hablar"? Bueno, eso se refiere a pensar durante un día antes de decir algo que luego podría no gustarte. En mi trabajo como ingeniero, solía hablar para llenar el silencio; esta no siempre era la mejor decisión porque antes de que pudiera pensar antes de decir algo, ya era demasiado tarde. Decía cosas como "oye, este trabajo es sencillo", "oye, casi termino con mis tareas de esta semana". Si digo que el trabajo es fácil solo para mis compañeros de trabajo o frente al supervisor, comenzarán a pensar "bueno, hagamos que el trabajo de este tipo sea más complicado para que esté contento". Los compañeros de trabajo suelen ponerse celosos cuando escuchan que alguien está teniendo un momento fácil en su trabajo o que está disfrutando de su trabajo. También encontrarán una manera de complicar las cosas para que la próxima vez que hable así, piense antes de hablar de nuevo, o como quiero decir; es mejor mantener la Pboca cerrada y evitar problemas. Es usual que la gente hable sobre otros, especialmente en el trabajo. No importa qué trabajo tengas o en qué posición estés en este momento, alguien vendrá a decirte lo malo o perezoso que eres o cuántos problemas tiene alguna persona. Por favor, no les hagas caso porque esto afectará cómo ves a la persona. Tal vez te gusta la persona de la que están hablando y podrías verla de manera diferente después de eso. No seas esa persona que comienza a hablar mal de otros para tener una conversación, especialmente si no conoces a la persona o sus problemas.

EN EL TRABAJO 7

Si no puedes hacer amigos en el trabajo, tal vez estés haciendo algo que no debes. En su libro "Cómo ganar amigos e influir sobre las personas", Dale Carnegie habla sobre cómo hacer amigos cuando te interesas por los demás y a nadie le importa tú o tu éxito en el trabajo. Un día, un amigo mío vino a preguntarme si sabía cómo hacer amigos en el trabajo porque, para él, es complicado. Dijo que a nadie le cae bien en el trabajo, y no sé por qué; soy divertido y muy amigable, pero tengo problemas para hacer amigos en el trabajo o fuera del trabajo. Inmediatamente le recomendé el libro "Cómo ganar amigos e influir sobre las personas" - de Dale Carnegie, pero también le pedí que me contara sobre su trabajo y cómo interactúa con las personas. Su nombre es George, y así es como se ve el trabajo para él. Como supervisor de construcción, George llega temprano al trabajo en su nueva camioneta. Modifica el escape para hacerlo más ruidoso y se asegura de que todos sepan cuánto le cuesta el nuevo escape y qué tan rápido pueden ir sus camionetas. Cuando llega al trabajo, todos saben que viene de una milla de distancia por el ruido que hace con la troca. Luego saluda a todos los que ve y a veces hace una mala broma sobre ellos. A la hora del almuerzo, se sube a su auto y maneja hasta el restaurante para almorzar. Finalmente, recorre el proyecto para corregir los trabajos frente a los demás, diciendo algo así como "oye Geo, deberías hacer tu trabajo más rápido; ese clavo que pusiste allí está torcido; estás haciendo demasiado desorden con el taladro, ¿no sabes cómo usarlo? Después de verlo en el trabajo, noté que él quiere mucha atención, lo cual es una razón por la que la gente no lo quiere. A la gente no le importa cuánto cuesta tu camioneta o qué tan rápido puede correr. George no tiene interés en los demás, y como dijo Dale Carnegie en su libro, es difícil hacer amigos cuando intentamos impresionar a los demás; es más eficiente si nos interesamos por los demás. Esto es lo que le dije a George la semana siguiente cuando lo vi. George, necesitas mantener la Pboca cerrada; la gente no tiene por qué saber cuánto cuesta tu camióneta o qué tan rápido puede correr; si quieres corregir a los demás, no lo hagas en público donde todos puedan escuchar que alguien no está haciendo el trabajo correctamente. Si quieres hacer amigos, muestra interés en lo que hacen los demás y demuéstrales que aprecias su trabajo; por último, quita el escape ruidoso de tu camióneta. No intentes impresionar a los demás; en su lugar, pregúntales cómo se sienten y cómo puedes ayudarles. Da una buena impresión de que te preocupas por los demás, lo que te ayudará a hacer amigos.

EN EL TRABAJO 8-9

Sea cual sea la razón, mantenerse callado el 90% del tiempo traerá mejores resultados para ti. El objetivo es mejorar tu espacio de trabajo, un ecosistema complejo de relaciones y personalidades diversas. Es crucial construir confianza; otros compañeros de trabajo pueden confiar en ti tanto como tú en ellos.

La confianza es la piedra angular de un trabajo en equipo efectivo. Medir el silencio con comunicación intencional y reflexiva construye confianza entre colegas y superiores, fomentando un ambiente de trabajo más solidario y colaborativo.

No le cuentes a la gente cuánto dinero ganas ni a nadie tu salario porque estoy seguro de que no les importará a menos que puedan beneficiarse de ello. Si se lo dices a amigos, probablemente se sentirán más cómodos sabiendo que tienes algo de dinero extra, y pueden pedirte que les prestes algo de dinero; pedir dinero prestado a amigos es muy peligroso porque no es solo el dinero, también puedes perder su amistad.

Mientras trabajaba como aprendiz de electricista en la universidad, estaba emocionado de tener un trabajo, así que se lo conté a una excelente amiga de la preparatoria. Ella es abogada, y su esposo también es abogado; estaban ganando muy buen dinero, así que compraron una nueva camioneta SUV. Cuando le conté sobre mi trabajo, ella me preguntó cuánto ganaba. Le dije cuánto ganaba por hora y comparo su salario en México con mi salario en Estados Unidos. Pensó que yo ganaba más dinero siendo aprendiz de electricista que ella siendo abogada. Un día, me preguntó si podía pedirme prestado dinero para hacer un pago del auto; se quejaba de que el trabajo era difícil y estaban teniendo problemas para hacer los pagos del auto. Le presté dinero para hacer un pago del auto ese mes, y ella me dijo que era solo por un mes. Pasó un mes, y no me llamó para devolverme el dinero. Pasaron seis meses, y nunca me llamó. Hablábamos más antes de que le prestara dinero para ver cómo nos iba en la vida. Ella se estaba distanciando como si ya no quisiera hablar conmigo; yo estaba triste porque ya no hablábamos, no por el dinero. Después de un año, le mandé un mensaje de texto, "Hola amiga, ¿cómo estás? ¿Está todo bien? ¿Me puedes devolver mi dinero ahora? Han pasado más de un año, y me dijiste que era solo por un mes". Ella respondió que me pagaría pero no quería que le mandara más mensajes porque su esposo estaba celoso, "lo que no era un problema antes". Solíamos ser excelentes amigos en la preparatoria. Después de otros seis meses, volvió a hablar conmigo durante aproximadamente una semana hasta que dijo: "Por cierto, tengo tu dinero, y te lo voy a pagar ahora, pero quería preguntarte. ¿Me puedes prestar 500 dólares más y te lo pagaré todo para fin de mes? Le dije que no podía prestar ese dinero ahora, pero gracias por ponerse en contacto conmigo. Dos días después, me bloqueó de Facebook y de mi teléfono celular, así que no pude hablar con ella.

En conclusión, si hubiera mantenido la boca cerrada sobre cuánto dinero estaba ganando y sobre mi trabajo, es muy probable que todavía tuviera una amiga y el dinero.

En las Relaciones 1

"El silencio es un verdadero amigo que nunca traiciona"-Confucio.

Solía pasar el tiempo con mis amigos todo el tiempo; la idea de tener una novia en la secundaria era solo una idea.

Mi pueblo era pequeño y no teníamos una escuela secundaria. Tenía que ir a un pueblo diferente para la secundaria, lo que a veces significaba caminar una hora y media si nadie me daba un aventón. Generalmente, por la mañana, alguien me daba un aventón a la escuela, así que solo tenía que caminar de regreso a casa, lo cual no era gran cosa porque tenía más amigos que también lo hacían, y caminábamos juntos.

En la secundaria, mis amigos solían ser dos años mayores que yo. Este amigo quería presentarme a una chica hermosa, pero estaba aterrorizado pensando que tendría que hablar con ella. Esta chica, a quien llamaré Yina, era hermosa. Tenía una sonrisa hermosa, sus ojos eran marrones y su piel era dorada. Cada vez que me veía, sonreía y levantaba una ceja, paralizándome; no podía moverme ni decir nada. Mi amigo me dijo que ella quería salir conmigo, y de inmediato dije que no; no había manera. Siempre inventaba alguna excusa para no conocerla en persona porque tenía miedo de hacerlo, pero no quería que mis amigos supieran eso porque se aprovecharían de eso para molestarme.

Yina tenía un problema: no sabía cómo mantener la boca cerrada, y cada vez que conocía a alguien, les decía a sus amigos: "Oh, besé a ese chico. Oh, este chico me invitó a un restaurante, y nos besamos después de eso". Ella no sabía que tenía una reputación terrible debido a todo lo que hablaba. Pensaba que sus amigos estarían felices por ella, pero era lo contrario. Todos los que la conocieron sabían que era directa y no la veían por su belleza. Todos solo querían pasar un buen rato con ella esperando besarla o agarrarle el trasero debido a la reputación que ella misma se había creado.

Me gustaba Yina, pero estaba en un nivel diferente al mío, así que nunca pude hablar con ella porque estaba demasiado asustado. Nadie la tomaba en serio porque no había aprendido a mantener la boca cerrada.

En las relaciones 2

Deberíamos mantener nuestras relaciones lo más discretas posible por muchas razones. Podemos perder relaciones que aún no han comenzado.

En 2006, comencé la preparatoria en un pueblo más grande que el mío. Estaba muy emocionado porque todo lo que podía ver en la escuela eran caras nuevas, lo que significaba nuevas oportunidades para hacer nuevos amigos. La preparatoria a la que asistí era pequeña, pero había muchos estudiantes porque era muy nueva; yo era la tercera generación en esta preparatoria. Muchos estudiantes eran mayores que yo porque no tuvieron la oportunidad de ir a la preparatoria hasta que esta abrió cerca de sus hogares.

Conocí a un excelente amigo en la escuela, y siempre discutíamos relaciones con chicas. Estaba tan emocionado de escuchar historias de otros amigos sobre chicas que tuve que inventar algunas historias que nunca sucedieron cuando me preguntaban; inventé estas historias para poder ser parte de esas conversaciones. A veces, las historias que contaba eran verdaderas, pero no para mí. A veces, escuchaba a otros hablar de esto, y las convertía en mis historias para contar, o a veces, era solo un amigo quien me dijo eso y lo usé para que fuera popular con otros amigos.

Había este chico que era muy popular entre las mujeres. Lo llamaré Mike. Mike siempre contaba las mejores historias. Cada semana, Mike venía con nuevas experiencias, y era emocionante para mí escucharlo porque tenía el mayor conocimiento de todos los otros amigos allí. En mi segundo año de preparatoria, pensé que una chica era hermosa, pero me daba miedo hablarle, así que un día, le pregunté a Mike. Oye Mike, me gusta una chica; ella no tiene novio, pero quiero preguntarle si quiere pasar tiempo conmigo; ¿cómo puedo hacer que se interese? ¿Qué debería decirle o preguntarle para eso? Mike estaba curioso porque esta era la primera vez que le pedía un favor como este. Se preguntaba cuál era la chica de la que estaba hablando, así que desde lejos, señalé a la chica; él la miró y, después de unos 30 segundos, Mike me dijo esto: la mejor manera de acercarse a alguien es darle un regalo primero, como dulces o chocolate, y luego preguntarle para una cita después de eso. ¿Eso es todo? Respondí, sí, dijo él, eso es todo, pero te diré algo, esa mujer es demasiado delgada para ti; podrías necesitar a alguien más. Pensé que Mike tenía razón porque era el experto, así que pensé en tomar más tiempo para preguntarle. Después de dos semanas, me sorprendió que Mike estuviera saliendo con esta chica. Estaba en shock. Estaba pensando, ¡hey! Mike me dijo que ella era demasiado delgada, ¿por qué está saliendo con ella ahora? Parece que le gusta a él, y ella le gusta a él porque su relación duró incluso después de que terminamos la preparatoria.

Esta podría ser una historia diferente si mantengo la boca cerrada con Mike; creo que es mejor no decir a los demás lo que planeamos hacer porque pueden tomar nuestra idea y hacerla suya.

En las relaciones 3

Creo que cada vez es más difícil tener una relación; cuanto más esperamos, más difícil es.

Tengo amigos que han tenido novia desde que tenían 13 o 14 años. No fue hasta que tenía 18 años que tuve mi primera novia. Ella era hermosa, y quería hacerla feliz de todas las formas posibles. Le dije que la haría feliz para siempre y que ella era mi primera novia, y no podía creerlo.

Estaba muy emocionado y siempre hablaba de ella con mis amigos y familiares. Les dije a todos que me casaría con mi novia y que era perfecta. No todos estaban de acuerdo, y algunos de mis amigos intentaban sabotear nuestra relación por alguna razón. Como era mi primera novia, no sabía cómo tratarla, así que intenté ser el mejor novio de todos. Le enviaba un mensaje de amor antes de acostarme y un mensaje de buenos días cuando me despertaba. Le enviaba un largo mensaje de amor cada vez que cumplíamos otro mes, y le prometía una vida feliz. Planeamos los nombres de nuestros hijos y perros y el color de las cortinas que tendrían nuestras ventanas. Debería mantener la boca cerrada porque no todos estaban contentos de ver que yo estaba feliz; incluso mis mejores amigos no estaban satisfechos de que siempre estuviera feliz y hablando de ella. Nadie me dio buenos consejos, y trataron de mostrarme que estaba viviendo en una fantasía, que una vida feliz no existe en una relación, pero yo era feliz, y estaba seguro de que la quería en mi vida.

Bueno, unos años más tarde, terminamos, y fue doloroso para mí porque todo el hablar y las promesas que hice no significaban nada más. Sería mejor disfrutar del momento y mantener la relación entre dos personas. Sería mejor mantener la boca cerrada y no hacer más promesas. "La acción habla más que las palabras".

Si quieres mostrarle a alguien que te importa esa persona, no prometas nada; en cambio, mantén la boca cerrada y haz algo por esa persona. Muestra aprecio con acciones, no con palabras.

En las relaciones 4

¿Por qué publicamos en Facebook y otras redes sociales que estamos en una relación? Estoy seguro de que puede haber muchas respuestas diferentes, pero la más común es para que nuestros amigos y familiares sepan que ahora estamos con alguien. Permíteme decirte algo: a nadie le importa que estés en una relación. Hacemos esto para mostrarle a la otra persona que nos importa nuestra relación, y queremos que otros lo sepan; pensamos que esto hará feliz a nuestra pareja, pero la mayoría de las veces es incómodo porque luego otras personas irán a ver a la persona y comenzarán a juzgar cómo lucen, si tienen dinero, si son populares, si viajan o no, si fueron a la escuela o no y muchas más razones. Una relación debería ser solo entre las personas interesadas, y créeme, será mucho mejor de esa manera.

Después de sufrir por mi primera relación, por supuesto, la tuve en Facebook para que la persona supiera que me preocupaba por ella; no estaba particularmente ansioso por poner mis relaciones en Facebook nuevamente. Un día, mi novia me dijo que debería poner nuestra relación en Facebook, y le pregunté por qué. Ella me dijo para que todos sepan que estás ocupado, y le dije que no funciona así, pero ella insistió.

Publiqué que estaba en una relación, y muchos amigos reaccionaron: oh wow, felicidades, ya era hora; eso es todo mi tigre; estos fueron algunos comentarios que recibí. Sabía que la mayoría de estos comentarios eran falsos, y la realidad era diferente; sabía que algunas personas irían inmediatamente a ver qué tipo de novia tenía. Para ella, era diferente; recibió comentarios como ¡oye, cómo pudiste salir con un chico como él? Esto no funcionará; ¿sabes qué tipo de chico es él? Y algunos comentarios de chicos como ¿cómo pudiste hacer esto conmigo? De todos modos, salgamos; soy el segundo en la fila; estaré aquí para ti cuando él se vaya; este chico tiene otra novia; déjalo; no es adecuado para ti; incluso uno de mis amigos intentó salir con ella. Ella dijo: Oye, ¿conoces a Edgar? Yo dije sí, es un excelente amigo, luego ella dijo: Bueno, me está invitando al cine, solo él y yo. Le dije que estaba contigo, y él dijo que estaba bien. Tu novio también sale con otras chicas para que tú puedas hacer lo mismo. El 93% de nuestros comentarios eran sobre por qué no éramos adecuados el uno para el otro, y el resto pretendía estar feliz por eso.

Estoy seguro de que a ellos no les importaba eso. Así que, una vez más, aprendí que debemos mantener nuestras Pbocas cerradas.

En las relaciones 5

Hablemos sobre el matrimonio. Este debería ser el compromiso más significativo que hacemos. Permíteme preguntarte algo: ¿Deberíamos contarle a nuestra pareja todo y cualquier cosa que hagamos? A veces funciona, pero a veces es mejor mantener nuestras bocas cerradas.

Mi amigo Luis es un gran hombre; hemos sido amigos desde la escuela primaria. Lo conocí por primera vez cuando tenía cinco años, y él tenía dos. Nuestro primer encuentro no fue el mejor porque decidió lanzarme algunos objetos la primera vez que me vio. Bueno, uno de estos objetos era un perro de porcelana que fue directo a mi cabeza, se rompió, y yo estaba sangrando. Mi primera reacción fue golpearlo, pero hey, él solo tenía dos años. No lo hizo a propósito. Yo no le hice nada.

Doce años después, comencé a trabajar con su papá y su tío en México; tienen una gran empresa de flores. Luis estaba a cargo de algunas responsabilidades importantes que requerían talento y habilidades, y siempre hacía bien el trabajo, así que me preguntaba si lanzó ese perro a propósito hace 12 años.

Al principio, cuando lo vi trabajar, lo hizo con pasión, y pensé que tenía talento para trabajar; es dedicado y creativo, siempre quiere obtener el mejor resultado, y estudia la situación para asegurarse de que el mejor resultado salga de ella.

Luis siempre hablaba de nuevas ideas, cómo ganar más dinero y todo lo que haría para mejorar la empresa. Cuando estaba en la universidad, se casó, y su mentalidad cambió ligeramente, pero aún se centraba en las ideas principales que tenía antes. Quería hacer negocios con él porque pensaba que podría ser un gran socio comercial. Cuando vine a los Estados Unidos y comencé a trabajar y ahorrar dinero, él me dio algunas ideas de negocios. Oye, Geo, me dijo. He estado pensando en lo que se necesita en esta área, y descubrí que hay demasiadas fiestas y no hay suficientes mesas para satisfacer la demanda; ¿por qué no ponemos un negocio de alquiler de mesas y sillas? Creo que hay una gran demanda para ello. Podría ser un gran ingreso extra; ¿te gustaría invertir en una empresa así?

No quería sonar demasiado emocionado, pero esta era la oportunidad que estaba esperando para hacer negocios con él. Le pregunté cuántas mesas y sillas deberíamos empezar, y él respondió: "Creo que si empezamos con 30 mesas y 300 sillas, será perfecto", le dije que le enviaría el dinero, y él haría el resto. Como esperaba, hizo un gran trabajo; presentó una idea de negocio con tantos buenos detalles que si yo presentara esta idea a Bill Gates, compraría mesas y sillas para todo el estado de México.

Fue genial, y hicimos algunos negocios más después de eso, y todos fueron buenos. Fuimos de viaje a Colombia y vimos amplias oportunidades de negocio juntos. Estaba muy emocionado de crear esta idea de negocio con él, y pasamos horas y horas poniendo los detalles juntos. Era emocionante solo pensar en hacer realidad esta idea. Planeamos los detalles, y cuando regresó a México, me dijo que le había contado a su esposa la idea y todos los detalles y lo que ella había pensado al respecto. Ella pensó que esto era ridículo y que no había forma de hacerlo realidad. Estábamos locos y probablemente habíamos consumido drogas en Colombia que hicieron que nuestras mentes volaran demasiado. Luis intentó convencer a su esposa de que esto era una buena idea y explicó que esto estaba en un nivel diferente; no salió bien. Ella no entendió, y se lo dije a Luis.

Luis, esto va a suceder mucho. Estás emocionado, y quieres compartir esta emoción con tu esposa en lugar de obtener apoyo y obtener la misma emoción que esperas; a veces, obtendrás un rechazo y malas vibraciones que te harán sentir mal con respecto a la idea. Creo que es mejor mantener la Pboca cerrada sobre cualquier idea que tengas hasta que esta idea se haga realidad porque de lo contrario, esto podría arruinar los planes y hacerte sentir miserable e incompetente, así que mantengamos nuestras bocas cerradas hasta que hagamos que esto sea verdad acerca de eso. Estuvo de acuerdo conmigo, y hasta el día de hoy, en 2023, todavía estamos planeando cómo hacer realidad esta idea de negocio, pero ahora es solo entre él y yo.

Mi conclusión de esta experiencia es que no importa con quién estés, es posible que no compartan la misma emoción que tú, así que debes analizar cuidadosamente y ver si lo que estás a punto de compartir con alguien va a ser bueno para ti o si es mejor mantener la Pboca cerrada hasta que obtengas los resultados.

En Las Relaciones 6

Mis experiencias previas me enseñaron que mantener las relaciones en secreto es mucho mejor. No es un secreto para todos, pero mantenerlo privado, especialmente en las redes sociales. A menos que quieras atención y reconocimiento de los demás, creo que no hay necesidad de informar al mundo lo que está sucediendo en tu vida romántica. He mantenido mi relación en privado en las redes sociales y con los demás porque a otros no les gusta cuando eres feliz. La gente suele preguntar: Oye Geo, ¿qué pasó con tu novia? Pensé que te ibas a casar con ella; al principio de mi relación, le dije a todos que sí, todavía estaba con ella y que seguíamos juntos. Estaba encantado de compartir que tenía una novia hermosa hasta que casi todos decían. ¿Sabes qué? No creo que eso funcione; tu novia es de otro país y nunca funciona. Geo, escuché que tu novia trabaja en otro país; las relaciones nunca funcionan a distancia. Tienes que salir de esa relación; ella no es para ti, y puedo verlo venir que no funcionara.

Todas estas "buenas vibras y consejos" que la gente me daba sobre mi novia y por qué esto nunca funcionaría me hicieron preguntarme si era mejor no compartir más detalles con todos ellos. Eso es lo que hice, y ahora que la gente sabe que estoy soltero y no tengo a nadie conmigo, parecen más felices cuando preguntan: Oye Geo, ¿dónde está tu novia? Simplemente respondí: ¿Sabes qué? Tenías razón; una relación no funciona a distancia. Tenías razón, así que ahora estoy soltero; luego respondieron: ves, te lo dije, sabía que era mejor quedarse soltero, pero no te preocupes, la mayoría de las personas que dicen que estar soltero es muy bueno, es porque están casadas o en una relación. Así que, una vez más, mantén la Pboca cerrada sobre tu relación.

Hablo con mi novia muy a menudo; ella está en otro país; hemos estado juntos durante algunos años, y cada vez que la voy a ver o ella viene a visitarme, es encantador; la pasamos muy bien juntos cuando mantenemos nuestra relación entre ella y yo.

Tú, mi querido lector, prueba esto por ti mismo. Si tienes familiares, amigos o compañeros de trabajo que siempre intentan aconsejarte que tu relación no va a ninguna parte, prueba esto: la próxima vez que te pregunten: Oye, ¿cómo va tu relación? Diles que no más relaciones por ahora. Tenías razón todo este tiempo, y muchas gracias por decirme eso; ¿sabes qué? Voy a empezar a escuchar tus consejos más a menudo. Eres sabio, y tengo la suerte de estar cerca de ti. Querido lector, prueba esto, y podrías sorprenderte de todo el estrés y la presión que te quitas de encima.

En El GYM 1

"Trabaja duro en silencio; deja que tu éxito haga ruido."

¿Cuántas veces has dicho que empezarás a ir al gimnasio el próximo lunes, y ese lunes nunca llegó? Debes respetarte más a ti mismo y empezar a hacer lo que dijiste que harías. Sigue enfocándote en ti mismo y olvida el lucir bien frente a los demás. No intentes impresionar a alguien que ni siquiera le gustas o le importas.

Este es un libro de acción. La acción es que tienes que ser como un caballo en una carrera. No puedes mirar lo que hacen los demás y sentirte intimidado por ellos porque tienen más disciplina que tú. Solo mantén la boca cerrada y empieza a ir al gimnasio de una vez.

De niño, vi muchas películas de acción con mi familia. Estas películas fueron una inspiración para mí para empezar a hacer ejercicio. Películas donde los actores eran: Jean-Claude van Damme en Blood Sport, Arnold Schwarzenegger en Commando, Sylvester Stallone en Rocky Balboa, Tony Jaa en Ong-Bak, Scott Adkins en Boyka y por supuesto Bruce Lee en Enter the Dragon. Todas estas películas me inspiraron a mover mi cuerpo, saltar, correr, trepar árboles y saltar desde el techo. Saltar desde el techo no siempre fue la mejor idea, pero cuando volaba, sentía que podía hacer cualquier cosa y alcanzar cualquier objetivo.

Esta fue la mejor sensación que experimenté, y disfrutaba cada segundo porque los niños no quieren impresionar a sus amigos ni poner fechas para empezar a hacer lo que dijeron que harían, pero cuando crecemos, la mayoría de nosotros olvidamos esa sensación de que todo es posible. No tienes que esperar hasta el lunes para empezar a hacer lo que sabes que te hará feliz; en esta ocasión, entrenar como en una película comienza a ser uno de ellos.

En El Gym 2

Cuando comencé a hacer ejercicio por primera vez, estaba en el jardín de infantes. Es posible que no lo veamos así, pero la verdad es que cuando saltamos, corremos y jugamos en el tobogán, estamos moviendo nuestros cuerpos, y toda esa emoción nos da más energía para hacerlo repetidamente.

En la escuela primaria, mi curso favorito era educación física, tal vez porque podíamos jugar y salir del salón de clases. En tercer grado, mi profesor de educación física estaba emocionado cuando hablábamos de deportes; corríamos y jugábamos básquetbol, voleibol y fútbol. Mi profesor, Román, era muy estricto con nosotros cuando teníamos que hacer algún deporte; no le gustaba jugar y a veces hacía que los deportes parecieran difíciles. Clasificaba nuestro puntaje por grupos. Primero, tomaba el tiempo de los 100 metros y tomaba los mejores 15 del primer intento. Luego, dedicaba el resto del tiempo, aproximadamente 1 hora y 15 minutos, a hablar con este grupo; estas eran sus palabras. Quiero a todo el grupo aquí. Las primeras 15 personas que llegaron a los 100 metros primero estarán conmigo, y nos divertiremos juntos. El resto de la clase puede jugar lo que quiera.

Yo estaba en el grupo de 15 personas y emocionado de divertirme más, pero mi sonrisa desapareció inmediatamente cuando comenzó a hablar. Bien, ustedes piensan que saben correr, pero la verdad es que si pongo una tortuga contra ustedes, hay una alta probabilidad de que pierdan. Los alumnos se rieron de sus palabras, y yo fui el primero en hablar. Dije; yo creo que puedo correr más rápido que una tortuga. El resto del grupo también se rió. Bueno, este fue mi primer contacto con este profesor; como puedes ver, no fue el mejor comienzo para un niño que disfruta de los deportes abrir la boca sin pensar en lo que podría pasar si hacía que alguien se sintiera avergonzado frente a los demás. ¿Cómo te llamas? El profesor me preguntó; mi nombre es Geo, respondí, bien, Geovanny, veamos si puedes correr más rápido que una tortuga después de correr seis vueltas alrededor de todo el campo. Corrí solo mientras los otros chicos se divertían con el profesor. Les estaba enseñando cómo estirarse correctamente, calentarse antes de cada carrera y respirar cuando corremos, y yo no era parte de ese grupo solo porque, incluso siendo niño, no sabía cómo mantener la boca cerrada.

El profesor Román, nunca repitió esa clase. Aunque estaba en el grupo de 15 personas, nunca aprendí cómo estirarme correctamente, calentarme y respirar cuando corría.
Sentía que todos estaban por delante de mí, y yo intentaba copiar sus movimientos, pero parecía que no era tan eficiente. Quedé en tercer lugar la primera vez que corrimos los 100 metros, pero después de dos semanas, estaba en sexto lugar.

No se si mis resultados se afectaron por abrir la boca a lo tonot ese dia con el profesor, pero esto probablemente podría ser una oportunidad porque la primera vez que corrimos, estaba muy emocionado, y pensé que podría obtener el primer lugar si entrenaba más. Ese año, competimos a nivel estatal, y había 24 escuelas; obtuvimos el cuarto lugar, pero no fui yo quien representó a nuestra escuela lo que me hizo sentir que no era bueno corriendo, así que no me uní al equipo al siguiente año.

 Querido lector, como puedes ver, no hay edad en la que mantener la boca cerrada no pueda ayudarte y tal vez cambiar el rumbo de tu vida; algunas oportunidades se van porque no sabemos cómo mantenernos callados en lugares donde deberíamos. Especialmente cuando intentamos parecer inteligentes frente a los demás y nos ponemos en situaciones embarazosas con alguien más; esto podría costar mucho en el futuro. A ese profesor pareció no importarle demasiado después de que lo hice sentir estúpido, y no me enseñó lo que había enseñado a los otros compañeros de clase.

En El Gym 3

Una de mis temporadas favoritas es la Navidad, y digo una de mis favoritas porque mi temporada favorita es EL DÍA DE LOS MUERTOS.

Nos reunimos en el Día de los Muertos, pero México difiere ligeramente de Estados Unidos. México tiene dos días para pedir dulces: uno para los niños y otro para los adultos. Para los niños, hacen una calaverita con una calabaza que se llama chilacayote. El chilacayote es verde, y cuando abres la mano y sacas todo por dentro para limpiar y hacer ojos y sonrisa, tus manos se ponen oscuras. Hay un dolor que no puedo explicar, ese dolor es único pero vale la pena el resultado; luego te encuentras con tus amigos para ir a pedir dulces, generalmente con un grupo de 5 o 7 niños, y cuando comienzas a recibir dinero, dulces y frutas, es la mejor sensación. Al final del recorrido, dividen todo por igual y vuelven a casa para mostrarle a tus padres lo que obtuviste durante toda la noche. Para los adultos, es diferente; solo tienen un grupo por pueblo. Mi pueblo solía tener un grupo de 25 a 30 personas, pero esto también fue muy divertido. Recogimos los dulces, y por lo general, las familias dejaban una bolsa llena de cosas entre frutas, dulces, dinero y a veces incluso cerveza o pulque.

La fruta a veces estaba un poco podrida, y hay una regla: en la oscuridad, puedes tirar la fruta podrida a los demás siempre que no sea buena para comer; eso es un poco de adrenalina y es divertido ver cuando alguien está al lado tuyo y recibe esto en sus cuerpos pero no es divertido cuando eres tú quien lo recibe, y otros se ríen de ti.

La Navidad es genial para pasar tiempo con la familia y discutir lo que has estado haciendo durante el año. Pero hablemos de lo que viene después de eso; hablemos del 31 de diciembre, de los 12 objetivos que escribimos en un papelito que queremos completar durante el año. Uno de los objetivos más famosos es perder peso y empezar a ir al gimnasio.

En enero, los gimnasios ganan más dinero porque es cuando la mayoría de las personas obtienen su membresía en el gimnasio, y por lo general, esto dura entre uno y dos meses cuando los gimnasios están llenos. Después de eso, es como la rutina habitual; muchas personas tienen una membresía en el gimnasio, y puede durar seis meses o incluso más sin ir un solo día al gimnasio. Yo mismo estaba haciendo esto. Ahora, muchas personas ponen algo en Facebook y las redes sociales como empezar de nuevo, conseguir un ratón de gimnasio a bordo, lograr el objetivo n.° 1 y cambiar mi vida a una vida fitness. Por lo general, toman una foto en el gimnasio para recibir cumplidos. Se toman fotos cada vez que van al gimnasio para obtener más cumplidos, pero déjame decirte algo, a la gente no le importa lo que estás haciendo o qué objetivos tienes. No estoy diciendo que poner fotos en el gimnasio sea terrible; estoy diciendo que no intentes impresionar a los demás y concéntrate más en ti mismo, no dejes que los demás sepan que quieres cambiar, y a menos que estas fotos sean para tu inspiración o para inspirar a otros entonces hazlo, pero este es solo un consejo humilde de alguien que estaba haciendo todas estas cosas. Sin embargo, estaba cansado de que la gente no respondiera como quería. Es mejor mantener nuestra Pboca cerrada y empezar a hacer lo que es mejor para nosotros. Me gusta el anime, y mi anime favorito es Dragon Ball Z; fue cuando vi un meme sobre Goku, dejé de publicar fotos en el gimnasio; el meme era algo así. "Goku estaba entrenando en otro planeta con Kaiosama durante 158 días, entrenando todos los días sin publicar ninguna foto, y tu no puedes estar 10 minutos en el gimnasio sin que todos sepan que acabas de llegar, pero a nadie le importa." Luego pensé, sabes, eso es cierto. Debería entrenar sin publicar ninguna foto. Debería mantener la Pboca cerrada y empezar a trabajar para mejorar.

Querido lector, si quieres cambiar y empezar a hacer lo que es mejor para ti, por favor, te lo ruego, levántate y ve al gimnasio; no más fotos allí a menos que eso te motive a seguir adelante; de lo contrario, mantén la Pboca cerrada y haz lo que dijiste que ibas a hacer.

AT THE GYM 4

Hablamos sobre uno de los objetivos más famosos para el año nuevo: perder peso, empezar a ir al gimnasio, comer más saludablemente, pero ¿qué pasa después de eso? Hablemos de lo que sucede después de tres semanas del nuevo año; muchas fotos ya no están en Facebook, y muchos amigos han desaparecido del gimnasio. ¿Por qué ya no vemos fotos y publicaciones en las redes sociales? Creo que todos tenemos algunos amigos que comienzan muy motivados, y vemos algunas fotos regulares que muestran que están decididos a cambiar sus vidas. Ya no vemos las fotos de motivación, y pensamos que simplemente decidieron dejar de publicar y concentrarse más en trabajar y hacer cosas, pero la verdad es diferente: perdieron la motivación y decidieron tomarse un día de descanso. La próxima semana suena mejor, pero después de eso, de todos modos, no vieron ningún resultado; no vale la pena el tiempo y el dinero porque no vieron ningún cambio en 2 o 3 semanas.

Para ser claro, no estoy juzgando a nadie aquí porque yo era así; Estoy tratando de transmitir la idea de que es muy fácil hablar, abrir la boca y presumir que estamos listos para cambiar, preparados para dar el paso. Hablamos y publicamos en las redes sociales para obtener esa atención, obtener likes y obtener el tiempo de otras personas para comentar algo positivo, pero una vez que nos sentimos satisfechos y perdemos esa motivación, oh, sorpresa, la verdadera batalla comienza justo ahí. Ahí es cuando tenemos que mostrar si tenemos lo que necesitamos para seguir adelante y mejorar nuestras vidas. Me llevó seis años poner el mismo objetivo en el nuevo año, "empezar a ir al gimnasio", para entender que no tenemos que esperar hasta el próximo año para poner ese objetivo; no tenemos que esperar hasta el próximo mes para empezar a hacer lo que es mejor para nuestro cuerpo, tomar alguna acción hoy, establecer algunos objetivos hoy y hacer un plan para desarrollarnos, pero comenzar a hacerlo hoy. Por favor, no presumas nada; deja que los resultados hablen por sí mismos. Mantén la Pboca cerrada y comienza a hacerlo, MAten LA PBOca CErrada Y COmienza A HAcerlo; MANTÉN LA PBOCA CERRADA Y COMIENZA A HACERLO.

EN EL GYM 6

El gimnasio es donde muchas personas van a liberar estrés, olvidarse de los problemas de la vida real y perseguir sus objetivos de fitness. Mantener un ambiente considerado y enfocado es crucial; lo último que quieren es que alguien interrumpa ese momento.

Respeto por el espacio personal:

Privacidad durante los entrenamientos. A la mayoría de las personas no les gusta ser interrumpidas cuando intentan concentrarse en una tarea que a veces es difícil. No seas irrespetuoso tratando de romper esa concentración. Si quieres hablar con alguien, el gimnasio no es un excelente lugar; puedes ir al centro comercial los domingos si eso es lo que quieres.

Ahora, hablemos de todas esas personas que saben exactamente cómo debes vivir tu vida. Todos tenemos algún tío, tía, primo o amigo familiar que nos dice qué hacer porque seguramente no saben cómo mantener la boca cerrada; a veces, la persona que nos dice cómo vivir nuestra vida ni siquiera es nuestro familiar o amigo; podría ser simplemente una persona aleatoria que podríamos conocer porque vivimos en la misma ciudad o vecindario.

Cuando me uní al ejército, los sargentos instructores siempre nos decían qué hacer y si cometíamos un pequeño error, teníamos que estar preparados para los próximos 5 minutos haciendo flexiones de brazos o simplemente de pie y escuchando cómo el sargento nos decía que no éramos lo suficientemente buenos, incluso cuando estábamos dando lo mejor de nosotros. Pero eso es parte de la disciplina que tenemos que asumir para convertirnos en soldados porque, en el campo de batalla, un pequeño error puede costarte la vida o la vida de tus compañeros de batalla, lo cual es un gran problema para todos entender por qué es importante escuchar a los demás en el campo de batalla para obtener el mejor resultado posible. Bueno, sí, esto es el ejército, y es crucial escuchar a nuestros superiores para sobrevivir, pero ¿qué pasa afuera? ¿Qué tal escuchar a tu tío decirte qué es lo mejor para ti? A menudo, tu dinero o tu cuerpo, en este caso, si es bueno para que hagas ejercicio o no.

Un día, mi sobrino me preguntó qué le recomendaba para perder peso y ganar músculo. Le dije lo que aprendí en el ejército; le dije que usualmente hacemos ejercicio sin equipo, hacemos flexiones de brazos, sentadillas para nuestras piernas y hombros, corremos para hacer cardio, y así sucesivamente. Axel estaba haciendo lo que le dije, y estaba investigando otros tipos de ejercicio para su cuerpo; mientras buscaba más cosas, encontró que los boxeadores hacen mucho salto con cuerda. Me preguntó acerca de eso; oye tío, ¿qué opinas sobre saltar la cuerda como hacen los boxeadores? ¿Crees que es una buena idea?, bueno, seré honesto contigo, respondi, nunca he hecho ese tipo de ejercicio en mi vida, pero si los boxeadores hacen este tipo de trabajo para ganar condición, creo que es bueno probarlo y ver los resultados por ti mismo.

Axel vivía con mi tía en la ciudad porque estaba yendo a la universidad en esa ciudad y quería lucir más atlético y presentable en su escuela; estaba corriendo y saltando la cuerda durante aproximadamente una semana hasta que me llamó y me preguntó de nuevo, oye tío puedo preguntarte algo, por supuesto, respondi, bueno, sabes que estoy viviendo aquí con mi tía y sus hijas que también son mis tías. Bueno, he estado haciendo ejercicio y corriendo como me sugeriste, además he estado haciendo este ejercicio extra, saltar la cuerda durante una semana cuando Mary, la hija mayor, vino a mí y me dijo que debería dejar de hacer lo que estoy haciendo. Me dijo que saltar la cuerda es terrible para la cintura y que si no quería lastimarme y posiblemente fracturarme, debería dejar de hacerlo de inmediato. ¿Crees que debería dejar de hacer esto? Bueno, déjame hacerte algunas preguntas. ¿Cómo te sientes después de hacer ejercicio? Axel: Me siento bien y tengo más energía. OK, ¿alguna vez tu tía Mary ha practicado saltar la cuerda o tiene alguna experiencia saltando? Axel: No, nunca lo ha intentado porque alguien le dijo que es malo; no creo que ella practique ningún ejercicio. Bueno, Axel, aquí está mi consejo y escúchame atentamente, siempre habrá personas que te dirán qué hacer y qué es lo mejor para ti y qué no, las personas que nunca tuvieron ninguna experiencia especialmente te dirán qué idea tuya es terrible y por qué deberías dejar de hacerlo. Por favor, no les escuches; no escuches a las personas que solo te prestan atención cuando estás a punto de cambiar algo para hacerlo mejor. Estas personas nunca se arriesgaron a cambiar sus vidas, y piensan que es imposible hacer algo porque renunciaron en el primer intento o, peor aún, nunca lo intentaron porque alguien les dijo qué es bueno y qué no. Escucha a tu corazón y sigue tus sueños, lee, edúcate, y no dejes que las personas arruinen tus planes e inspiración para ser mejor.

Querido lector, por mi propia experiencia, muchas personas me han dicho qué hacer y qué no hacer; las personas que nunca se atreven a soñar intentarán hacerte abandonar tus sueños. Aquí está mi consejo: no dejes que nadie, no importa cuán cerca esté de ti, no dejes que arruinen tus sueños, trabaja duro y sigue tus sueños que te harán feliz. Encontrarás muchos obstáculos en el camino, especialmente si estás siguiendo tus sueños, pero mantén la boca cerrada y concéntrate en lo que es esencial. Escucha todos los consejos, pero toma solo los buenos y escucha tu corazón.

EN EL GIMNASIO 6.5

¿QUÉ SUCEDE TODOS LOS DÍAS EN LA VIDA?

Si vas a empezar a ir al gimnasio, mantén la Pboca cerrada, no publiques fotos en las redes sociales, y no comiences a publicar fotos antes y después de una semana de ir al gimnasio en enero. A nadie le importa si estás comenzando, tienes diez años o has perdido 6 libras; a nadie le importa lo que está sucediendo en tu vida; las buenas acciones a la gente no le importan. Simplemente comienza a ir al gimnasio sin abrir la boca para comunicar lo que estás haciendo. Comienza, ve y repite en el espejo que serás una mejor persona que ayer.

Esto puede suceder diariamente; siempre hay una excelente oportunidad para cerrar la boca. Recuerdo cuando reservé un vuelo de Minneapolis a la Ciudad de México. Esto fue como un año después del COVID-19, y las restricciones para viajar aún estaban en vigor; tienes que mostrar pruebas de que no tenías COVID-19 y que estás lo suficientemente sano como para viajar. Por lo general, esta prueba debe realizarse 48 horas antes del viaje, además de la tarjeta que demuestra que tienes la vacuna COVID-19. La mayoría de las clínicas en Minnesota hacen esta prueba de COVID gratis para ti. Iba a hacer la prueba en la clínica, y todo estaba listo; el personal de la clínica estaba preparando todo para la prueba, y yo estaba casi listo para entrar cuando llamaron mi nombre y me dijeron en qué habitación. Luego me detuve y abrí mi gran boca; dije, sí, necesito esta prueba para viajar; ¿qué hiciste? La enfermera me preguntó, "Bueno, estoy haciendo esta prueba para viajar; eso es un procedimiento diferente dijo la enfermera. Luego pregunté, pero la prueba era la misma, ¿verdad? Sí, la prueba es la misma, pero si es para viajar, debes pagar 180 dólares.

Mi boca nuevamente, tuve que pagar 180 dólares por la misma prueba que iba a hacerse de forma gratuita, y llevó más tiempo. Tuve la suerte de recibirlo el mismo día porque normalmente, para viajar, tienes que hacer una cita, y yo iba a volar en dos días, así que no tenía tiempo para hacer una cita. En última instancia, hice la misma prueba el mismo día pero con una diferencia de 180 dólares que podría haber ahorrado si hubiera mantenido la boca cerrada cuando nadie me preguntó nada.

EN LA ESCUELA 1

"Es mejor mantener la boca cerrada y dejar que la gente piense que eres un tont@ que abrirla y disipar toda duda."
-MARK TWAIN

Hablemos de una actividad que debemos hacer casi a diario durante los años más críticos de nuestras vidas: ir a la escuela. La escuela es significativa porque es donde aprendemos y desarrollamos habilidades que usaremos durante el resto de nuestras vidas. Además, podemos descubrir qué nos apasiona para seguir nuestros sueños.

Comencé el jardín de infantes en 1995, y fue una mala experiencia las primeras tres semanas porque todos los días tenía que salir de casa y regresar con muchos extraños, así que lloraba cada vez que tenía que irme porque tenía miedo. No importaba si la maestra me recogía en casa. El resultado siempre era el mismo. Esto fue cierto hasta que encontré al que, 27 años después, sigo llamando mi mejor amigo y es de quien eh aprendido muchísimo y aun sigo aprendiendo de el, cuyo apodo es "El Chiles". Chiles era lo opuesto a mí; no sabía cómo quedarse callado y le gustaba explorar y aprender cosas nuevas a diario. Chiles me encontró llorando un día cuando llegué al jardín de infantes y se acercó a mí; ¿qué pasa? preguntó, nada, y vete, respondí; se sentó a mi lado y me dijo, ven aquí, vamos afuera. Te enseñaré a atrapar algunos grillos, y si quieres, me comeré uno si dejas de llorar. Me reí después de escuchar lo que haría para hacerme dejar de llorar. Desde entonces, descubrí la gran sensación de hacer amigos y explorar el mundo podría ser interesante. Después de ese día, quería llegar a tiempo para ir al jardín de infantes para que Chiles me enseñara algunas cosas interesantes, como atrapar grillos, jugar en el la resbaladilla, saltar la cuerda y más.

¿Podría un niño de 4 años aprender que a veces es más beneficioso mantener la boca cerrada que simplemente decir lo que pensamos ahora? No lo sé porque recuerdo que Chiles y yo estábamos jugando con pintura un día y comenzamos a poner pintura en las paredes; después del recreo, la profesora preguntó quién hizo esto, y Chiles dijo que yo lo hice. Cuando iba a decir que yo también lo hice, me miró y me dijo que me callara. La profesora lo castigó y le dijo que se quedara después de clase para organizar todo. Me sentí terrible por dentro; me sentí culpable, lo cual fue horrible. Quería vomitar, así que fui a la maestra y le dije que también estaba pintando las paredes. Ella me miró, sonrió y dijo OK, entonces tú también te quedarás después de clase para organizar todo. Después de eso, me sentí mucho mejor, y Chiles y yo nos quedamos después de clase y organizamos las mesas y sillas mientras la profesora ayudaba. Fue divertido hacer estas actividades, principalmente porque puse la silla de una niña que me gustaba al lado de la mía para que pudiéramos sentarnos juntos al día siguiente.

Dos cosas que aprendí de esta experiencia. Uno, limpiar, organizar y poner la basura en los botes de basura no debería considerarse un castigo porque pensamos que limpiar nuestro entorno es un castigo en lugar de una virtud. Dos: si hacemos algo terrible, tenemos que confesar porque esto aliviará un poco nuestra carga, y aprenderemos que si hacemos cosas malas, estas tendrán algunas consecuencias; así que, en este caso, creo que es mejor decir algo en lugar de mantener la boca cerrada incluso si otra persona, o pensamos que es mejor quedarse callado, si hacemos algo terrible, es mejor aceptarlo, y decir que lo hicimos.

EN LA ESCUELA 2

Estimado lector, hagamos una actividad ahora. Comience poniendo su nombre en el espacio en blanco.

Yo _____

Luego, coloque algo que recuerde que hubiera sido mejor si hubiera mantenido la boca cerrada.

Recuerdo
cuando:_____
_____
_____
_____
_____
_____

_____

_____

_____

_____

_____

Estimado lector, es posible que recuerde más de una vez que hubiera sido mejor si hubiera mantenido la boca cerrada, pero no se preocupe, esto es más común de lo que piensa; generalmente, creemos que somos nosotros quienes tenemos que enfrentar más desafíos en la vida. Vemos las redes sociales y tanta gente feliz publicando sus vacaciones y su vida lujosa que pensamos, wow, si eso fuera yo, sería perfecto; eso es lo que necesito para ser feliz. La verdad es que todos tienen desafíos diferentes en la vida, y todos tienen problemas; no importa si alguien es una persona millonaria, también desearían tener una vida simple a veces.

Este ejercicio que acabas de hacer te ayudará a recordar que podría ser mejor. No somos perfectos y no tenemos una vida ideal, pero esta es la belleza de la vida cuando podemos ser mejores que ayer. Cuantos más desafíos conquistemos y más personas ayudemos, mejor nos sentiremos con nosotros mismos. Haz otro ejercicio. Cuando salgas, toma un abrigo que no hayas usado durante más de tres meses, camina por las calles y, cuando veas a alguien que pueda necesitar un abrigo, dáselo a esa persona. Este gesto te hará sentir genial; ayudar a alguien sin esperar nada a cambio es uno de los regalos más satisfactorios que podemos recibir para pensar que estamos en este mundo por una razón.

Este libro es un libro de acción para todos los que quieran empezar a hacer lo que siempre dijeron que harían. Para comenzar ese proyecto que te asusta más, para ir a la escuela que siempre has querido, o tomar ese trabajo que te hace feliz, para comenzar a ir al gimnasio, comer sano, reemplazar algunos malos hábitos con buenos hábitos, bueno, las oportunidades para empezar de nuevo y hacer lo que te hace feliz, las opciones son infinitas; este es tu momento ahora. A partir de ahora, haremos algunos ejercicios en cada capítulo, y recuerda mantener la boca cerrada y comenzar a hacer lo que sea mejor para ti sin anunciarlo al mundo. Deja que los resultados y tus acciones hablen por ti, que serán más fuertes.

EN LA ESCUELA 3

No he sido tan bueno en la escuela desde la primaria porque prefería salir y hacer más actividades fuera del aula. Siempre dependía de mis compañeros para hacer la tarea. Eventualmente, siempre había alguien dispuesto a enseñarme cómo hacer la tarea o las actividades que había perdido porque no estaba en el aula cuando el profesor las enseñaba. Este era mi modus operandi durante la escuela. En los exámenes, generalmente estudiaba una o dos noches antes de los exámenes, y pasaba las clases, así que estaba feliz con eso.

Fui de primera generación en la secundaria y de tercera generación en la preparatoria; afortunadamente para mí, no había prueba de ingreso en la secundaria porque entonces no sabía casi nada. Siempre que teníamos que hacer actividades en grupo en la secundaria, siempre estaba en el grupo con mi amiga Sandra. Sandra hacía casi todo por mí, y cuando teníamos que presentar en clase, ella me decía: "Oye Geo, aquí está tu parte; tienes que hablar de esto en clase, memoriza lo que escribí en este papel y presenta esto cuando sea tu turno, luego estarás bien". A veces, eso era fácil si era algún tema que me gustaba o que ya conocía, pero a veces el tema era complicado, y cuando era mi turno, estaba temblando y no podía decir las palabras correctamente aunque estaba leyendo lo que Sandra había escrito en las notas para mí. Mis amigos se reían de mí, lo que me ponía más nervioso, así que cada vez que tenía que presentar, era el peor momento para mí. Por lo general, eran dos o tres minutos de hablar, pero se sentía como horas que tenía que hablar frente a toda la clase. Querido lector, no sé si alguna vez has sentido esa sensación en clase, esa presión que hace que tu voz desaparezca y te sacuda cuando tienes que presentar algo. Para algunas personas, esto es un talento natural; se paran frente a la gente y pueden hablar durante horas naturalmente, pero para otros, como en mi caso, entramos en pánico y sentimos que eso es algo que deberíamos poder evitar o no participar en absoluto si no queremos. No tenemos elección con respecto a la escuela; todos tenemos que hacer esto en algún momento. Incluso si no queremos o sentimos que esto es lo peor que nos puede pasar, aún tenemos que hacerlo.

Durante la preparatoria, sentía que tenía todo bajo control porque, por alguna razón, pasé la prueba que teníamos que hacer para ser aceptado. Siempre pensé que sería como si alguien más estuviera allí para mí cada vez que lo necesitara. Estaba en las fiestas, y cada vez que podía, me saltaba las clases y salía afuera a pasar el rato con mis amigos. Por lo general, hacíamos esto los viernes para vivir la vida que llamamos. Había esta amiga, Areli, ella estaba en el top 10 de estudiantes todo el tiempo. La invité muchas veces, y este es mi consejo. Areli, vamos de fiesta. No te excedas; tienes que disfrutar la preparatoria mientras puedas porque te arrepentirás, y será demasiado tarde cuando eso suceda. No importa lo que le dijera, no pude convencerla de que yo estaba haciendo lo correcto al disfrutar de la vida, y ella estaba equivocada porque siempre estaba estudiando y estaba en el top 10 de estudiantes. Me reí de ella muchas veces y me gustaba compartir mis aventuras con ella, así que se sentía mal porque no se estaba divirtiendo como yo. Para la universidad, tienes que hacer una prueba de ingreso y aprobarla para ser aceptado; antes de hacer la prueba en diferentes escuelas, quizás dos meses antes de graduarnos de la preparatoria, vine una vez más con Areli, y le dije en su cara. Areli, dime, ¿cuál es la diferencia entre tú y yo? Estás entre los 10 mejores estudiantes sin aventuras y buenos recuerdos, más que solo ser presionada constantemente. Quizás estés estresada por todo ese estudio que tienes que hacer. Yo estoy aquí con todas estas aventuras y buenos recuerdos para recordar por el resto de mi vida, ¿y sabes qué? Ambos nos graduaremos al mismo tiempo. Tienes mejores notas que yo, pero eso no importa; todo tu esfuerzo no importa ahora. Se quedó callada. Parecía que estaba pensando que tal vez yo tenía razón, tal vez yo estaba en lo correcto, y había desperdiciado los mejores años de su vida. Hicimos la prueba para ir a la universidad, y obtuvimos los resultados tres semanas después; cuando llegaron los resultados, ella vino hacia mí y me dijo, "oye, geo, ¿a qué universidad vas? ¿Qué carrera quieres perseguir?" La miré y le dije, Areli, no pasé la prueba, no fui aceptado a la universidad, no sé qué voy a hacer. Ella me miró, y parecía que ella sabía antes que yo que no pasé, y puso una gran sonrisa como si algo por lo que había estado trabajando durante años finalmente valiera la pena; sinceramente, no sé si estaba tan feliz porque fue aceptada o porque yo no lo fui, pero creo que fue la segunda. Me miró como si hubiera estado esperando mucho tiempo para decirme esto. Te responderé ahora tu pregunta; esta es la diferencia entre tú y yo: yo iré a la universidad, y tú no; yo seré un profesional, y tú no; haré realidad mis sueños, y tú no. Ves, todo este trabajo duro da sus frutos; eres un idiota que va a trabajar en la agricultura porque eso no requiere un título universitario, ni siquiera un título de preparatoria; deberías haber renunciado antes, lo que ves es lo que cosechas, y no sembraste ninguna mierda me dijo. No pude responder porque sentía que ella quería llorar, pero no quería llorar. La lastimé porque no supe cómo mantener la boca cerrada, pero ella lo hizo por mí; ella me calló amablemente. En ese momento, entendí que las palabras pueden herir mucho. La lastimé aunque esa no fuera mi intención, y ella me lastimó de vuelta. Me lastimó mucho con las palabras que me dijo, y me preguntaba si así se sentía ella cuando le decía todas esas cosas. Estaba feliz por ella que había pasado, y estaba complacido porque me demostró que estaba equivocado; ella me demostró que el trabajo duro siempre vale la pena.

Ella fue como un despertar para mí porque me prometí a mí mismo que pensaría cuidadosamente antes de abrir mi gran boca en el futuro. También, ella me inspiró. Me demostró que estaba equivocado. También quería demostrarle que ella estaba equivocada sobre mí. No creo que estaría tan motivado para obtener un título universitario en construcción si no fuera por ella. Sus palabras me hirieron, pero también me despertaron. Nunca le pedí disculpas, pero espero que haya leído esto. Areli, lo siento mucho porque no supe cerrar la Pboca contigo. Gracias por enseñarme esa lección ese día.

EN LA ESCUELA 4

Después de no pasar la prueba de ingreso a la universidad, no sabía a que me dedicaria. Encontré un trabajo en mi pueblo en agricultura, como Areli decía; al principio, tenía miedo, pero luego me di cuenta de que era bueno aprender algo nuevo, especialmente en una de las áreas más críticas: la agricultura. Encontré gente muy agradable allí que estaba dispuesta a enseñarme cómo cultivar verduras y flores. Estaba bien, pero no podía dejar de pensar en las palabras de Areli y me preguntaba si tenía razón acerca de mí.

Después de un año, fui a la casa de mi tía en la ciudad para intentar la prueba nuevamente; mientras tanto, mis amigos de la preparatoria me decían que cambiara de carrera; en lugar de hacer ingeniería civil, querían que hiciera algo más manejable, algo que no requiriera habilidad en matemáticas y ciencias, me dijeron que hiciera contabilidad o ingeniería electrónica porque la universidad a la que fueron necesitaba más estudiantes y el 95 por ciento de los estudiantes que presentan el examen pasan. Estaba seguro de lo que quería hacer, así que le dije a mis amigos que me quedaría con la ingeniería civil; después de recibir los resultados, descubrí que no pasé de nuevo. Me sentía deprimido, y no quería esperar otro año, pero no tenía opción porque esa era la escuela pública más cercana que ofrecía esta carrera; esperé otro año y volví a hacer la prueba. Esta fue mi tercera vez haciéndolo. Algo me pasó antes de hacer la prueba por tercera vez.

Primero, en mi trabajo, durante el tiempo de espera, estaba emocionado de compartir mi sueño con mis supervisores. Pensé que estarían felices por mí por seguir intentándolo después del segundo fracaso. Bueno, fui y les hablé sobre mis sueños. Un día, quiero construir carreteras y edificios, infraestructuras y hacer todo tipo de construcción; mi sueño es ser ingeniero civil; bueno, uno de ellos simplemente se rió de mí; el ingeniero no es para idiotas, dijo que eres un idiota, no pierdas más tiempo y simplemente date cuenta de que vas a trabajar para nosotros durante mucho, mucho tiempo, esto fue casi algo que Areli me dijo casi tres años antes. El otro se rió de mí, pero me dijo que valía la pena soñar. Mi tía, por otro lado, estaba enojada conmigo. No hagas que tu mamá gaste más dinero en esa idea ridícula de que te conviertas en ingeniero. Esta va a ser tu tercera vez, y estoy seguro de que no vas a pasar de nuevo; acepta que naciste pobre, morirás pobre. Fue tan triste lo que escuché de las personas con las que trabajo y mi familia que no servía para nada. Querido lector, si estás yendo a la escuela, planeas ir a la escuela o sueñas con convertirte en profesional, hazte un favor y ahorra algunas decepciones, y sabes qué hacer. Mantén la Pboca cerrada, guarda tus sueños para ti mismo y habla con las personas que pueden ayudarte a alcanzar tus objetivos. Una cosa más: sigue soñando. Soy un ingeniero civil que ahora ha construido algunas carreteras con una gran empresa, y ¿sabes qué? Todas las personas que me dijeron que no lo haría son las primeras personas que ahora me dicen que siempre creí en ti. Por eso

"NO TENGAS EN CUENTA NI LOS ELOGIOS NI LAS OFENSAS"

a menos que las ofensas sean para mejorar tú mismo.

Tu Siguiente Movimiento 1

"La mitad de Parecer Inteligente es Mantener la Boca Cerrada en los Momentos Correctos."

Es natural para todos hacer planes cuando ni siquiera han comenzado la universidad o se han mudado a una ciudad o trabajo diferente; siempre hay algo como el siguiente movimiento. En el boxeo, tu oponente no debe saber cuál será tu próximo movimiento. Jugar ajedrez es crucial; si tu oponente no sabe cuál será tu próximo movimiento, así es como funciona la estrategia del ajedrez. Ser bueno en ocultar cuál será tu próximo movimiento.

En la universidad, necesitaba un coche para moverme por la ciudad. Estaba buscando en el marketing de Facebook y en Craigslist, y finalmente encontré este Honda CRV 2002; compré el SUV por 2000 dólares y pensé que era una excelente oferta. Luego quería modificar un poco el SUV, luego invertí algo de dinero en neumáticos y estaba buscando un sistema de sonido excelente. Finalmente, encontré un lugar para comprar un buen amplificador y compré dos 12 comp kickers. Necesitaba un cable grande, pero eran caros, y la instalación era aún más costosa. Decidí comprar los amplificadores y los cables adecuados e instalar todo yo mismo; al final, puse más altavoces en las 4 puertas y agregué dos extras afuera que monté en los 12 kickers.

Gasté 2200 dólares en el sistema de sonido, más que el SUV cuando terminé todo. Se lo dije a mi papá, y se enojó conmigo; dijo que era una pérdida de dinero. Él nunca cometería un error como comprar un sistema de sonido para un automóvil, lo que me hizo sentir mal, y decidí hablar con mi supervisor en el trabajo. Pensé que me haría sentir mejor, pero no lo hizo. Me dijo que si fuera el, tomaría las tijeras de cable y cortaría todos los cables y tiraría todo a la basura; eso me hizo sentir mal, pero cuando estaba dentro de la Honda y ponía música, me gustaba subir el volumen, eso me satisfacía. Sentí que no debería decirle a los demás cuál era mi plan para el futuro porque no todos sentirían la misma alegría y emoción que yo sentía.

Querido lector, para este capítulo, hagamos esta actividad. Escribe algo que hayas comprado que otros piensan que es una mala idea pero que te hace sentir bien. Podría ser un sistema de sonido o ponerte un tatuaje; en el espacio en blanco en la siguiente pagina, dibuja una imagen de ti mismo disfrutando de lo que compraste que te hace feliz. Esto te recordará que a veces las personas no compartirán tus ideas, pero debes hacerlo porque te hará feliz, lo cual es lo que importa.

Tu Próximo Movimiento 2

Otro momento en que deberíamos mantener la boca cerrada es si vamos a hacer nuestro próximo movimiento para ganar dinero. Una de las mejores personas con la que me he cruzado en la vida y estoy muy agradecido de seguir aprendiendo de el y de todo lo que me ha enseñado y sigue enseñando es Raul a quien llamo "Ratiman".

Cuando Ratiman vino a mi pueblo y me contrató, fue bueno porque sabía cómo hacer negocios; él y sus hermanos compraron una tierra de mas de una hectaria con una casa incluida. Ratiman también es conocido por utilizar sus recursos de la mejor manera posible; la basura de algunos hombres es el tesoro de otros hombres, solía decir. Yo estaba encantado de trabajar con él porque quería aprender a usar mis recursos de la mejor manera.

Ratiman siempre tiene muchas ideas geniales. Un día estábamos cortando flores, pero los precios eran muy bajos; pensé de inmediato, maldición, es una pena que los precios estén bajos ahora porque hay muchas flores, y ahora todo esto va a la basura. Raiman estaba sonriendo, y me preguntaba cómo lo manejaba; si cortábamos las flores para tirarlas, ¿cómo podía seguir sonriendo por eso? Si yo fuera él, probablemente estaría llorando y quejándome porque los precios eran bajos, así que le pregunté, oye Ratiman, ¿cómo puedes seguir sonriendo en situaciones como esta? Estás perdiendo dinero y aún sonríes. Dime por qué. Me miró a los ojos y dijo: "Geo, esta es una excelente oportunidad para devolver al suelo algo de material orgánico que tomamos del suelo; si quieres que tu suelo produzca un buen producto, también debes devolver algo a él, la mayoría de las personas aquí quieren tomar todo sin devolver nada, y luego después de algunos años se preguntan por qué el suelo ya no es tan bueno, por qué el producto ya no tiene esa misma calidad como hace unos años. Bueno, aquí está la respuesta. Toda la basura que ves, si la llamas basura, yo la llamo polvo dorado. Es polvo dorado porque, con la máquina trituradora, convertiré esta flor en polvo para composta. Luego voy a devolver esto al suelo para que tenga algo que absorber, y todo esto es material orgánico, que es composta pura para el suelo. Me quedé sin palabras por lo que estaba viendo y escuchando. Esa fue la primera vez que vi que la basura de alguien era el tesoro de otro, pero ahora estaba viviendo eso, y estaba fascinado.

Quería aprender más de Ratiman. Me gustaba trabajar para él; él estaba expandiéndose y quería más tierra para cultivar más flores. Vi una oportunidad aquí, así que le pregunté, oye, ¿qué tan grande es la tierra que estás buscando comprar? él dijo que más o menos del mismo tamaño que esta, tal vez una o mas de una hectaria, y ¿cuánto estás dispuesto a pagar por una buena tierra? Le pregunte. Bueno, si tiene fácil acceso al agua, estoy listo para pagar 30,000 dólares por ella.

Yo estaba buscando algo, y lo encontré. Mi tío, que vivía a 20 minutos de mi pueblo, estaba vendiendo una tierra. Fui a ver la tierra, y era perfecta; tenía fácil acceso al agua y eran mas de una hectaria. Le pregunté el precio, y dijo que quería 15,000 dólares por la tierra. Me emocioné cuando escuché eso; incluso mi tío me dijo que encontrara a alguien para comprar la tierra, y podría ganar algo de dinero si podía venderla más cara sin que él supiera que ya tenía un comprador potencial para esa tierra. Hablé con Ratiman y le dije: "Oye, Ratiman, si te encuentro una tierra que sea más barata que 30,000 dólares y tenga más de una hectaria, ¿la comprarías?, y crees que es justo si me quedo con algo de ese dinero para mí por el trabajo que estoy haciendo?" Él me dijo que me explicara, bueno, encontré una tierra que es barata y está en buena ubicación. Un día estaba leyendo sobre un acuerdo de ganar-ganar, bueno, todos ganan en el acuerdo, así que le expliqué a Ratiman: "La tierra se está vendiendo por 15,000 dólares, tú estás dispuesto a pagar 30,000 dólares aproximadamente, así que si pagas 25,000 dólares, le doy a mi tío 20,000 dólares y me quedo yo mismo 5,000 dólares, en el caso de que todos ganen 5,000 dólares". Le gustó la idea, y fuimos a revisar la tierra, luego dijo que sí, que la compraría por 25,000 dólares. Mi tío no estaba allí cuando Ratiman y yo estábamos revisando la tierra, pero más tarde fui a verlo y le dije: "Oye tío, encontré un comprador para tu tierra, estás pidiendo 15,000 y voy a comprarla por 20,000, el comprador va a pagar 25,000 y me quedaré con 5,000 para mí, ¿cuándo podemos empezar el papeleo?" Me detuvo y dijo: "Espera, espera, espera, ¿por qué te quedas 5,000 por mi tierra? ¿No escuchaste lo que te dije, Tio? Vendí tu tierra por 5,000 dólares más de lo que estás pidiendo, ¿no es genial?" Bueno, sobrino, continuó, esos 5,000 dólares son mucho dinero para ti; tráeme a ese comprador, y te daré 200 dólares para ti.

Me quedé en shock. No podía creer lo que dijo; solo le importaba el dinero que yo recibiría, no el dinero extra que él recibiría. Fui y hablé con Ratiman y le expliqué, y él simplemente me dijo: "Bueno, esta es una lección excelente para que aprendas; acabas de perder 5,000 dólares porque deberías mantener la boca cerrada hasta que se haga el trato; luego puedes hablar de eso, pero no te preocupes, no voy a comprar esa tierra, voy a seguir buscando algo más cercano".

Dos cosas aprendí de esto, y tú, querido lector, espero que también puedas aprovecharlo: mantén la Pboca cerrada si vas a hacer un trato, no le hables a nadie sobre el beneficio que vas a obtener por tu trabajo, incluso si es alguien cercano a ti, haz las cosas en silencio y tus cosas irán mejor de lo que esperas. Segundo, no hagas ningún trato solo con palabras; encuentra información sobre cómo hacer cualquier negocio legalmente; en este caso, haz que el vendedor firme algún papel mientras está firmando para venderte por una cierta cantidad, para que no pueda retractarse después de completar el trato e incluso si está enojado porque estás vendiendo por más, no puede hacer nada al respecto, y creo que es una recompensa justa por tu trabajo, así que no dejes que nadie se interponga en eso

Tu Siguiente Movimiento 3

Cuando confías en alguien y te importa esa persona, no le mientas porque todo puede comenzar con una pequeña mentira, pero luego puede convertirse en una gran mentira y empeorar cuando tienes que involucrar a más personas para que tu mentira parezca verdadera. Esto me sucedió cuando estaba trabajando en México. Mi jefe en ese momento siempre fue muy amable conmigo; era estricto pero siempre quería que mejorara. Me consiguió un trabajo en el gobierno; mi trabajo era ir a conferencias y discursos para convencer a la gente de votar por el partido que buscaba la reelección. Trabajábamos cada dos días para ir a diferentes pueblos, pero cuando ocurrieron las elecciones, el partido en el que estaba perdió la elección, así que el resto del tiempo me movieron para recoger basura. Cuando mi jefe, quien me encontró el trabajo, me llamó para verificar cómo iban las cosas, dije Hola, todo está excelente aquí, bueno, esa fue mi primera mentira, luego todo empeoraría a partir de ahí. Yo llamo a esto:

"LA RED DE MENTIRAS"

Una vez tejí una maraña de engaños, enredándome en medias verdades y fabricaciones. Todo comenzó con una mentira aparentemente inofensiva a mi jefe, una mentira que se propagaría a lo largo de mis días como una piedra lanzada a un estanque tranquilo. Imagina esto: me paré frente a él, el peso de mis palabras se sintió pesado en el aire. "Me voy a mudar a otra ciudad", declaré, evitando su mirada. ¿La verdad? Me habían asignado un papel que implicaba poco más que recoger basura. Pero admitir eso se sentía como revelar una grieta en mi armadura, así que elegí la evasión en lugar de la honestidad. La curiosidad centelleó en sus ojos. "¿Por qué irte de la ciudad si el trabajo es bueno?" preguntó. Una pregunta justa, que pinchó mi conciencia. Conjuré resolución y respondí: "He decidido mudarme. Ya aseguré un trabajo en otro lugar". Su sonrisa floreció, y me deleité con el calor de su aprobación. Sin embargo, la mentira había echado raíces, y sus zarcillos se adentraron más. Él profundizó: "¿Qué tipo de trabajo te espera allí?" El pánico revoloteó dentro de mí. "Relaciones públicas", balbuceé. Su entusiasmo creció. "¡Fantástico! ¡Mucha suerte!", dijo, fertilizando inadvertidamente mi falsedad. Los días pasaron, y las indagaciones de mi jefe se multiplicaron. "Muéstrame fotos de tu nueva ciudad", instó. "Y de tu lugar de trabajo". Mis palmas se volvieron húmedas. La ciudad solo existía en mi imaginación, y mi trabajo era un fantasma, un papel que había inventado para escapar de mi destino de recolección de basura. Finalmente, me enfrenté al espejo de la verdad. "La política no es mi camino", confesé. "Renuncie". Su decepción grabó líneas en su rostro, pero extendió una rama de olivo: mi antiguo trabajo, esperando como un refugio familiar. Acepté, agradecido pero cargado con el peso de mi engaño. Aquí está la lección, grabada en mi alma: Las mentiras corroen la confianza. Socavan los cimientos de las relaciones, dejando atrás andamiajes frágiles.

Así que, querido lector, toma nota de mis pasos en falso. Cuando te enfrentes a decisiones, elige la honestidad. Si planeas mudarte, dilo. Evita la trampa de las falsedades que se convierten en monstruos. Porque al final, es la verdad la que nos libera, la verdad, desprovista de las pesadas cadenas del engaño.

Y recuerda: **La confianza ganada es preciosa; la confianza perdida es irrecuperable.**

Tu Proximo Movimiento 4

Uno de mis movimientos más significativos fue cuando vine a los Estados Unidos, pero por supuesto, muchas personas cuestionaban por qué, cómo y cuándo vendría aquí.

Cuando trabajaba con Ratiman, me molestaban porque no podía ser aceptado en la escuela de ingeniería civil en México; luego, un profesor de la escuela que no pasé me reconoció y me dijo, "oye, este es tu tercer intento de entrar a esta escuela, ¿verdad?" Estaba nervioso, pero dije que sí, que era mi tercer intento; bueno, él respondió que solo hay unos pocos lugares para los nuevos estudiantes que ingresan; alrededor de 500 estudiantes hacen el examen, y solo 80 de ellos son aceptados en esta carrera que deseas seguir. Eso me hizo sentir mejor porque pensé que no era tan malo. Aún así, dijo que hay una alta probabilidad de que no vuelvas a ser aceptado porque un número mayor de esos 80 estudiantes son aceptados porque conocen a alguien que puede ayudarlos a ingresar incluso si no pasan ese examen. Lo siento, pero así es como funciona el sistema aquí. No te preocupes. Te diré qué hacer. Toma cualquier examen de ingeniería en cualquier otra universidad y haz un semestre allí. Luego, puedo ayudarte a transferirte a esta universidad para esta carrera. Me alegré mucho al escuchar eso porque finalmente mi sueño se haría realidad. Estaba muy emocionado, así que se lo conté a Ratiman y a su hermano, pero inmediatamente se rieron.

No pasé, pero hice lo que sugirió el profesor y solicité ingeniería electrónica en una escuela diferente. Fui aceptado. Era una clase muy compleja, y estaba un poco asustado de que no pasaría la clase de matemáticas y que el profesor no podría ayudarme. Todo estaba bien, y mis calificaciones eran suficientes para una transferencia. Sin embargo, un mes antes de terminar todas las clases, mi papá, que estaba en Estados Unidos, vino a México y me dijo: "Hijo, hay una oportunidad que podría cambiar toda tu vida; tu caso es aceptado en el centro de inmigración de Estados Unidos, y quieren que hagas una entrevista. Pero solo tienes tres semanas para decidir; esta oportunidad desaparecerá para siempre si decides no ir." Tenía miedo otra vez porque necesitaba determinar cuándo, después de esperar tres años, finalmente se confirmaría. Decidí tomar esa oportunidad y dejar todo atrás y comenzar desde cero, pero antes de eso, hablé con algunas personas en mi pueblo que se reían de mí porque sabían lo difícil que era conseguir esa entrevista.

La gente me molestaba durante las tres semanas que estuve en México; decían cosas como, "oye gringo, ¿cuándo te vas a Estados Unidos?" y después de eso, se reían tan fuerte que me hacía sentir mal. La gente se preguntaba sobre eso, y trataban de dar malos consejos o asustarme, para que no tomara ese riesgo, pero noté algo: la gente tiene miedo cuando tomamos decisiones que ellos temen hacer o no pueden hacer. Simplemente mantén la boca cerrada cuando alguna oportunidad llame a tu puerta, y te ahorrarás mucho estrés y dudas sobre ti mismo.

Tu próximo movimiento 5

Pensé que todo iba a ser fácil cuando llegué a Estados Unidos, pero estaba equivocado; lo primero que noté aquí fue que no iba a empezar desde cero; iba a empezar desde -1 porque incluso si quería pedir comida, necesitaba hablar inglés. No me gusta mucho la mayonesa, pero me resultaba difícil pedir una hamburguesa sin mayonesa; a veces los empleados no entendían lo que estaba tratando de pedir, así que las hamburguesas venían con mayonesa porque no sabía cómo decir que no quería mayonesa. Ese fue solo mi primer desafío; el segundo fue encontrar un trabajo porque mi papá me dijo que vivir en Estados

Unidos era caro y había facturas de las que yo tenía que ser responsable cada mes.

Encontré un trabajo recogiendo basura en el centro comercial porque ese trabajo no requería hablar demasiado. Era fácil para mí, aunque era solo a tiempo parcial, pero eso no era suficiente para pagar las facturas, así que necesitaba encontrar algo más. Fui a una oficina que ayuda a las personas que no hablan bien inglés a encontrar un trabajo a tiempo completo. Vi algo en el turno de noche de 11 pm a 7:30 am. Ese trabajo fue terrible porque no podía dormir durante el día y tenía que permanecer despierto toda la noche, lavando y desinfectando las máquinas que hacen los hot pockets. No duré más de dos meses en ese trabajo cuando renuncié, pero mi papá estaba enojado conmigo porque estaba construyendo una mala reputación, y sería más difícil para mí encontrar un buen trabajo.

Mi papá tomó un día libre para llevarme de nuevo a la oficina de empleados y me dejó allí con mi primo que vivía con nosotros, sabiendo que estaba renunciando a los trabajos porque no me gustaban, pero le dije a mi primo que quería asistir a la universidad aquí. Quería aprender inglés en la escuela, bueno, esto fue una mala idea porque le dijo a mi papá lo que estaba planeando y mi papá estaba un poco enojado porque sabía lo caro que era ir a la universidad aquí y prefería que trabajara en lugar de pensar en ir a la universidad.

Cuando mi papá me dejó en la oficina de empleados, el trabajador allí me preguntó por qué no iba a la escuela; en lugar de eso, le dije que había estado buscando eso desde

que llegué aquí. Mencionó que esta escuela de cuerpos de trabajo en todo Estados Unidos es gratuita, y me enseñarán algún oficio e inglés si lo necesito. Me darían un GEG, igual que un diploma de secundaria, además de un lugar para vivir y comer GRATIS. Esto era increíble.
Encontré la mejor oportunidad de mi vida, y la tomé. Casi perdí esa oportunidad porque estaba emocionado. Le conté a mi primo lo que iba a hacer, pensando que se iba a emocionar. En cambio, le dijo a mi papá que iba a arruinar mi vida y que tendría problemas con el gobierno toda mi vida. Intentó convencer a mi papá de que era una idea terrible dejarme ir solo a esta escuela, pero creo que se sentía mal porque las facturas del apartamento solo iban a ser entre él y mi papá. Yo no iba a poner mi parte de las facturas.

Afortunadamente, mi papá no intentó demasiado convencerme de quedarme trabajando, y fui a esta escuela, que abrió un nuevo mundo de oportunidades. Ese es uno de los mejores riesgos que he tomado hasta ahora.

Querido lector, si vas a tomar una gran decisión, por favor mantén la Pboca cerrada porque la gente podría asustarte o convencerte de que es demasiado riesgoso y arruinarás toda tu vida. Simplemente toma el riesgo si crees que puede cambiar tu vida para bien, y si escuchas a tu corazón, él te dirá que debes tomar el riesgo incluso si tienes miedo porque esa puede ser la puerta a un mundo completamente nuevo para ti, lleno de emociones y aventuras.

HACIENDO DINERO 1

"Demuestras tu valía con tus acciones, no con tu boca."

Cuando era niño, noté algo interesante sobre el dinero. Mi mamá siempre intentaba esconder los billetes de nosotros para contarlos, lo que me hacía más curioso. Siempre me preguntaba cuál era el propósito de ese papel y por qué mamá los escondía, pero de niño, te interesas más en las cosas que la gente intenta ocultarte porque creo que es nuestra naturaleza humana ser curioso acerca de las cosas y explorar cosas nuevas. Somos una familia grande, y tengo muchos tíos y tías de parte de mi papá y mi mamá; a veces estos tíos nos dan dinero, pero de niño, no sabes qué hacer, o podrías saber que si entregas este papel o monedas en la tienda, te dan dulces, refrescos y papas fritas. Si mi tío nos daba un billete, mi mamá siempre decía que no lo mostrara a nadie porque me lo quitarían. Dámelo, y lo guardaré por ti en su lugar. Al principio, cuando estaba creciendo y entendía más sobre el dinero, pensé que mi mamá no debería esconder el dinero de nosotros; en cambio, debería enseñarnos cómo funciona el dinero y dejarnos tenerlo como niños. Pero mi mamá solo me dio buenos consejos, tal vez sin saberlo, y eso es mantener la boca cerrada cuando se trata de dinero porque a otras personas les gustaría compartir el dinero que no les costó nada. Estimado lector, esta es la actividad para este capítulo. Si ya tienes dinero ahorrado, habla con alguien que conozcas que tenga éxito en los negocios o en la gestión del dinero y pídele consejo. Luego, el próximo mes, aplicarás lo que esta persona te dijo sin contarle a nadie en qué estás trabajando. Si no tienes dinero, guarda el 30 % de tus ingresos mensuales y luego habla con la persona que conoces que es buena con el dinero y pídele consejo sobre cómo ganar dinero.

entonces, escribe en este espacio.

yo_____

___ me prometon a mi mism@ que voy a seguir el consejo que me dio:_____

Durante los próximos tres meses. Quizás pienses que el 30% de los ingresos es demasiado alto, pero querido lector, lo que crees es lo que puedes hacer; no hay límites, así que no te limites demasiado cuando discutas tus beneficios.

HACIENDO DINERO 2

Cuando era niño, el único dinero que podía conseguir era el dinero que recibía de las familias, especialmente los domingos después de la iglesia, pero solo duraba unas 3 horas porque lo gastaba rápido. En tercer grado, encontré alguna forma de ganar más dinero. Era jugando con canicas, así que tenía que practicar todos los días para ser bueno en eso, y era un excelente jugador. Los domingos después de la iglesia, cuando unos nueve niños recibían su dinero, nos juntábamos y jugábamos con canicas, pero apostábamos dinero; había diferentes formas de ganar dinero; una era apostar, y quien perdía le daba el dinero al otro, a veces las canicas se rompían, así que la otra forma era vender canicas, y cuando algún niño no tenía más dinero, podía pagar con canicas en su lugar.

No fue hasta el noveno grado cuando mi primo y yo empezamos a trabajar en la agricultura. Pero era solo un día cada dos semanas, así que no contaba como un trabajo a tiempo completo, y no sabíamos cómo trabajar, pero mi tío nos dio una oportunidad de todos modos para llevar flores de un lugar a otro donde teníamos que poner las flores a la sombra para que no se murieran con el sol. Mi tío nos pagaba unos 4 dólares por un día de trabajo de 8 horas, mientras que un trabajador regular ganaba unos 8 dólares por aproximadamente el mismo día. No sabía si esta tarifa era justa, pero al menos podíamos ganar algo de dinero extra para divertirnos.

Un día, un señor muy amable de mi pueblo vino y nos preguntó: "Oigan chicos, ¿creen que podrían ayudarme este sábado? Estoy un poco corto de personal, y unas manos extra me ayudarían mucho. Estábamos felices de escuchar eso porque usualmente teníamos que buscar trabajo si queríamos ganar dinero extra, pero esta vez era diferente, así que inmediatamente dijimos que sí, que podíamos hacerlo. Lo ayudamos durante 8 horas, y cuando nos pagó, nos sorprendió que nos pagara 9 dólares, incluso más que lo que mi tío paga a un trabajador regular que sabe más que nosotros. Además, nos dio desayuno por la mañana y agua por la tarde; nos quedamos sin palabras, pero solo nos miramos el uno al otro, pensando que tal vez había cometido un error, pero nos quedamos callados porque no queríamos corregirlo si lo había hecho por error, así que solo le dijimos gracias por el pago y nos fuimos inmediatamente antes de que nos llamara para verificar cuánto nos había pagado.

Pasaron tres días, y lo vimos acercarse de nuevo. Pensamos en correr porque seguro nos diría que había cometido un error, pero vino y nos dijo: "Oigan chicos", nuestros corazones latían rápido, pero nos preguntó si podríamos ayudarlo de nuevo el próximo sábado. Respondimos con la cabeza porque no podíamos decir nada más, así que él dijo: "Está bien, los veré el próximo sábado". Llegó el sábado, y estábamos trabajando, pero él señor nos dejó allí solos, y mi primo y yo estábamos hablando, "Oye, ¿crees que este señor nos pagará lo mismo o no?" Sí, respondió mi primo, y siguió hablando. No sé si es tonto porque normalmente ganamos 4 dólares por el mismo trabajo. Nos está pagando 9 dólares, más nos da desayuno y un descanso para tomar agua por la tarde, bien, respondí, creo que no sabe cómo pagar a la gente aquí, pero no digamos nada para que nos siga pagando así de bien, luego nos reímos porque el señor era tonto, escuchamos una voz que venía del árbol junto a nosotros, "¿Oigan chicos, les gustaría una fruta de este árbol?" Nuestros corazones latían aún más rápido que antes, así que él bajó del árbol y nos dio algo de fruta, y solo nos miramos el uno al otro y no dijimos nada. Terminamos de trabajar, y luego nos pagó; nuestra sorpresa fue que nos pagó la misma cantidad que la última vez, pero cuando estábamos a punto de irnos, dijo: "Oigan chicos, vengan aquí, cuéntenme más sobre lo estúpido que soy porque les pagué más que a los demás aquí, los escuché hablar de mí, que soy tonto por darles desayuno por la mañana y un descanso para tomar agua por la tarde, saben le afresco trabajo el próximo sábado pero esta ves les pagare solo 6 dolares que creo que es lo que se pueden ganar si se esfuerzan. Nostros aceptamos y perdimos casi la mitad de nuestro sueldo por hablar mal de una gran persona. Bueno, casi lloramos frente a él. No pudimos decir ni una sola palabra. Me sentí tan mal porque estaba hablando mal de un gran hombre como este señor. Creo que es un buen hombre, y le agradezco por enseñarnos esta lección a una edad temprana.

Querido lector, no tienes que cometer los mismos errores para aprender; uno de los propósitos de este libro es que aprendas de los errores de otras personas para hacer tu vida mejor, y sabes que la mayoría de las veces, es mejor mantener nuestra boca cerrada.

HACIENDO DINERO 3

Si estás hablando de hacer dinero, es bueno mantener la boca cerrada no solo cuando estás haciendo dinero sino también cuando estás a punto de gastar dinero, por ejemplo, en el alquiler o las facturas que debes pagar.

Después de graduarme de la universidad, decidí tomar cuatro meses de descanso porque la presión de la escuela era demasiado, y necesitaba olvidarme de eso. Después del cuarto mes que tomé, era hora de encontrar un trabajo; en mi universidad, es común tener una feria de empleo dos veces al año. Asistí en marzo, y más de cincuenta empresas estaban buscando ingenieros en construcción. Solicité y entregué currículums a al menos 12 de ellas. Una de ellas fue AMES Construcciones para Fuentes Renovables, y me aceptaron ya que tengo algunos conocimientos sobre paneles solares además de un título de ingeniería; fueron la primera empresa en ofrecerme un trabajo, y acepté. Pagaban bien, y estaba feliz de que mi primera empresa fuera una empresa multimillonaria. Como me pagaban bien, no me preocupaba demasiado por el alquiler entonces; trabajé en Minnesota durante unos cuatro meses hasta que se abrió un proyecto en Rapid City, SD.

Me mudaría de Minnesota a Dakota del Sur en los próximos meses y necesitaba un lugar para vivir. Miré en muchas áreas, pero la mayoría requería un contrato de al menos un año, y yo buscaba algo así como un contrato mensual porque no estaba seguro de cuánto tiempo viviría allí. Encontré a un tipo que alquilaba su casa cada año a unos trabajadores, pero el contrato se canceló por un año, así que hablé con él, y esto es lo que pasó.

Yo: No estoy seguro de si seguiré trabajando en el mismo estado o si la empresa me trasladará a otro, así que estoy buscando un lugar para pagar mensualmente.

El dueño: Sí, claro. Por favor, dime qué piensas, y tal vez podamos modificar el contrato o hacerlo mensual como sugieres.

Yo: Si podemos hacerlo mensual, tomaré el lugar.

El dueño: Sí, podemos hacerlo mensual, eso no es problema.

Yo: De acuerdo, y puedo pagar todas las facturas: gas, agua, electricidad e internet. (Aunque el dueño me dijo que todas las facturas ya estaban incluidas)

El dueño: Si puedes hacer eso, sería genial.

Yo: Por ejemplo, si pago por mayo y salgo el 2 de mayo, no es necesario reembolsar ningún dinero, así que puedes encontrar a alguien más para que participe este mes.

El dueño: Sí, eso sería útil. Me aseguraré de incluir ese detalle en el contrato. Gracias por esa sugerencia. Así es como terminó esa conversación. Mucha gente pensará que fue un trato justo ofrecer ese dinero extra. Sin embargo, la verdad es que fue un error abrir la boca sin pensar porque si estoy pagando por un contrato justo, no necesito ofrecer dinero extra cuando el dueño ya aceptó cerrar el primer trato sin que yo tuviera que pagar las facturas y otras cosas. En última instancia, el dueño estaba ganando más dinero, y yo estaba gastando algo extra porque quería parecer amable, amable y responsable. Pensé que estaba haciendo un trato justo para ambos, pero fabriqué este trato para mí mismo, pagando un 30 %

más que el primer trato porque no mantuve la boca cerrada.

HACIENDO DINERO 4

Si tienes un negocio y quieres seguir ganando buen dinero, tienes que mantener la Pboca cerrada porque hay personas que no pueden retener efectivo y quieren compartir dinero que no les cuesta nada.

Uno de mis amigos, "Alex", me contó algo que le sucedió cuando invirtió en un negocio que hace jugos de frutas naturales. La empresa fue prometedora, y él decidió apostar por ello.

Fue alrededor de 2014 cuando todo empezó. Estaba revisando las redes sociales y encontré algo interesante: jugo colorido hecho cerca de su pueblo. Pero esto no era normal porque nunca había conocido a alguien que hiciera jugos para vender en grandes cantidades por esa zona, así que investigó, y fue el logo atractivo; era una fresa con hielo y agua que te hacía salivar solo de mirarlo. Luego, mi amigo fue a revisar la página, y notó algo; vio a su amigo Rubén de la secundaria era quien manejaba la página, y más importante aún, su amigo era quien hacía el jugo.

Alex contactó a Rubén; le dijo cómo estaba y le preguntó si quería hablar en persona. Rubén estuvo de acuerdo, y hablaron, así que le preguntó si quería ser socio comercial. Alex conocía a un tipo con dinero que estaba buscando invertir en algo. Rubén estuvo de acuerdo, y contactaron a Ernesto" El tipo con dinero" y pidieron el plan juntos. Ernesto podría ayudar a comprar más equipo y poner el producto en muchas más tiendas, no solo en algunos restaurantes donde Rubén ya estaba vendiendo el jugo.

Después de un año de invertir, Ernesto consideró mover el producto a una ciudad diferente. Pero Rubén y Alex tenían que mudarse porque sabían cómo hacer el producto. Rubén, que estaba casado con dos hijos pequeños, le dijo a Ernesto que podría mudarse, pero necesitaría apoyo para su familia cuando no estuviera trabajando. Ernesto estuvo de acuerdo en apoyarlo en el proceso durante 4 meses.

Se hicieron buenos amigos pero lucharon para vender el producto, para lo cual Ernesto puso todo el dinero, y Alex y Rubén solo eran la logística. Alex tenía algo de dinero ahorrado, así que Ernesto pidió poner la inversión más el apoyo para la familia de Rubén. Ernesto tenía otras inversiones, y algún día, estaba feliz de que hubiera ganado buen dinero en algunos de sus otros negocios, pero luego las personas quieren verte bien pero no mejor que ellos. Rubén le preguntó a Alex si podía pedir más dinero a Ernesto porque la familia de Rubén necesitaba más para sobrevivir. Alex estaba molesto porque ahora Rubén estaba pidiendo más dinero, no solo la cantidad acordada. Empezaron a discutir porque el dinero ya no era suficiente, y vender no era lo mejor como Ernesto había prometido.

En el mundo de los negocios, es un riesgo. Todas las partes involucradas tienen que saber eso, en este caso, quien estaba invirtiendo más tiempo y dinero era Ernesto, pero una vez que mencionó ese otro negocio que tenía estaba produciendo buen dinero, los problemas empezaron a suceder, Rubén pensó que Ernesto se estaba enfocando más en un negocio diferente y quería hacer que Ernesto se viera mal. Todo podría haber sido mejor si Ernesto no hubiera compartido su emoción con sus socios, y la compañía tal vez sería grande; por eso creo que es esencial mantener la boca cerrada si algo está yendo bien para ti; no todas las personas compartirán tu emoción.

HACIENDO DINERO 5

Si ganas la lotería, lo más sensato que puedes hacer de inmediato es mantener la Pboca cerrada durante mucho tiempo hasta que decidas la mejor manera de usar ese dinero. ¿Qué pasará si le dices a tus amigos y familiares que tienes mucho dinero en tus manos y que ese dinero no te cuesta nada? La gente comenzará a buscar formas de compartir ese dinero contigo. Un miembro de la familia se enfermará, el auto de un amigo necesitará algunas reparaciones, tu tío necesitará algo de efectivo extra para pagar el alquiler, y tu amigo propondrá una idea de negocio en la que puedes poner tu dinero y que está garantizada de tener éxito. Pero todas estas cosas te separarán de tu dinero, y será difícil para ti recuperarlo.

Todas las personas pueden ganar dinero, pero la mayoría de las veces, es difícil conservarlo. Estamos buscando formas de pedir más dinero para un nuevo teléfono que acaba de llegar al mercado, un televisor de plasma que ahora tiene más K en él y que tenemos que obtener, o un automóvil que podemos pagar si hacemos un pago mensual durante seis años.

Querido lector, el dinero es crucial día a día. Mi consejo para ti, si quieres obtener más de lo que necesitas, es mantener la boca cerrada en cada situación que puedas sobre el dinero porque ese es uno de los problemas más comunes que traemos a nuestra vida, si les decimos a las personas que tenemos algo de dinero extra y no sabemos cómo usarlo, esto creará envidia de los demás, celos, y algo que puede poner nuestras vidas en riesgo si las personas saben que tenemos ese dinero, así que quédatelo tranquilo y aprende nuevas formas de invertir que puedan producir buenos beneficios para ti y tu familia.

TUS LOGROS 1

"El silencio es uno de los argumentos más difíciles de refutar."

Tus logros te hacen sentir mejor porque son algo que consideras justas recompensas por tu trabajo. No todas las personas estarán de acuerdo contigo en eso, algunas pensarán que tuviste suerte o que alguien más hizo el trabajo duro por ti, como tus padres o abuelos, pero la verdad es que no es así porque si tus padres o abuelos te heredaron algo y no sabes cómo conservarlo o hacerlo crecer, lo perderás todo.

Para las personas, la palabra "logro" puede significar cosas diferentes; por ejemplo, cuando te gradúas de la secundaria, compras tu primer auto, inicias tu primer negocio o pasas una clase de matemáticas. Para mí, fue ser aceptado en la universidad, pero también podría ser un objetivo de logro. Por ejemplo, estás trabajando para llegar allí.

En mi pueblo, es muy fácil y esperado ser molestado como se dice que te agan bulling por otros, pero a veces, ese matón puede lastimarte y hacerte querer renunciar a tus proyectos solo porque no quieres que la gente se ría de ti todo el tiempo; esto también puede llamarse asesinos de sueños. Si creces en un pueblo donde la gente es así, es mejor que estés preparado para soportar todo esto y tener el coraje de seguir tus sueños pase lo que pase.

Después de mi segundo intento de ir a la universidad, me pregunté si había algo más que pudiera hacer para aumentar mis posibilidades además de estudiar más. Descubrí que el omega tres puede ayudar a tu cerebro a retener más información y a funcionar mejor. Busqué algunos alimentos que pudieran tener omega tres, y el atún fue uno de ellos, así que estaba emocionado de probarlo y ver su progreso.

Dos meses antes del examen, decidí comer una lata de atún al día, y se lo conté a mi hermana; ella estaba emocionada por mí y por mi nuevo método de mejora personal; se ofreció a comprar atún para las primeras semanas y cuando fue a comprarlo, surgieron algunas preguntas, ¿por qué estás comprando tanto atún, vas a hacer una ensalada de atún y no me invitaste? preguntó una de las mejores amigas de ella. Mi hermana era inocente cuando pensaba que compartir este propósito con su mejor amiga sería una buena idea. Mi hermana respondió: no, esto es para mi hermano porque necesita más omega 3 para retener más información y poder pasar el examen de ingreso a la universidad, luego su amiga respondió ¿él piensa que esto va a funcionar.? Creo que está loco.

Trabajé en la misma empresa que el esposo de la amiga de mi hermana. Al día siguiente, cuando todos los trabajadores y el dueño tuvieron un descanso en el trabajo, este tipo frente a todos simplemente me preguntó, Oye, Geo, ¿traíste tu atún aquí para que tu cerebro funcione mejor? Puede que necesites saber qué estás haciendo aquí porque no te veo enfocado en el trabajo. Se rió tanto que los demás trabajadores y el dueño se rieron. Luego, el dueño dijo espera pero danos más detalles. Este tipo les estaba explicando cuidadosamente mi propósito para comer atún, y se reían tanto de mí que no quería llorar frente a ellos pero estaba muy cerca de hacerlo. Me sentí fatal cuando llegué a casa. Le pregunté a mi hermana por qué compartió esto con otros, y ella me dijo que acababa de decirle a su mejor amiga. Le conté a mi hermana lo que pasó en el trabajo, y ella también se sintió bastante mal, pero le dije que en situaciones como esta, debemos mantener la boca cerrada porque la gente es asesina de los sueños.

Solo probé comer atún por un día, y después de que la gente se rió tanto de mí, decidí no intentarlo más. Hice el examen, y no lo pasé, pero nunca sabré si esto hubiera sido diferente si hubiera seguido lo que pensé que era bueno para lograr mi objetivo.

Querido lector, esta situación ocurre más a menudo de lo que pensamos. Ahora que estás leyendo esto, no permitas que la gente te haga renunciar a lo que crees que funcionará para lograr tus metas en la vida. Si la gente se ríe de ti y de tus sueños, entonces cambia eso por un acto de valentía para conquistar todos tus sueños y metas.

TUS LOGROS 2

¿Pueden tus logros generar envidia en otros, incluso en aquellos a los que nunca pensaste que lo harían? Bueno, la respuesta es inevitablemente sí. Ten cuidado con quién compartes tus logros; tal vez te hagan sentir mal por eso o porque no pudieron obtener lo que tú conseguiste trabajando duro por ello.

Uno de mis amigos con el que cresi junto; él tiene un año más que yo, pero hacíamos todo juntos hasta que terminamos la secundaria. Recuerdo algunas de nuestras aventuras como si fuera ayer. Cuando teníamos alrededor de 12 y 13 años, una tía de el nos dio una tarea donde nos pagarían algo de dinero si íbamos a la colina y recogíamos siete costales de tierra fértil para sus flores. Esta tarea nos llevaría unas 4 a 5 horas porque la montaña estaba lejos, y solo podíamos llevar un costal a la vez, pero decidimos hacerlo solo por la aventura para ver cuántos animales diferentes podíamos ver.

En el proceso, vimos muchos animales, algunos de ellos muy venenosos, como serpientes de cascabel y lagartos peligrosos, pero simplemente los supervisamos y los evitamos; a veces, nos gastábamos bromas entre nosotros, diciendo hey, hay una serpiente de cascabel junto a ti, no muevas ni un músculo, luego nos helábamos inmediatamente, y después de un par de segundos comenzábamos a reír y decíamos ¡te atrapé! Sabiendo que era solo una broma, y ambos nos reíamos. Después de unas horas, terminamos el último costal y estábamos listos para recibir el dinero de su tía.

Decidí quitarme la camiseta y empezar a soplar aire frío en mi espalda; hicimos eso muchas veces, y se sentía excelente, pero esta vez, la primera vez que mi camiseta tocó mi espalda, sentí como si alguien me hubiera dado un latigazo. Pensé que era solo porque mi espalda estaba sudada, así que me di un par más, pero cada vez, sentía como si me estuviera azotando. Cuando revisé mi camiseta, vi una (oruga Lonomia obliqua), querido lector. Puedes buscar eso en Internet para ponerte la piel de gallina, pero noté que casi inmediatamente mi espalda estaba llenándose de ronchas. Sin embargo, mi amigo se rió tanto de mí porque hice eso. 20 años después, todavía estábamos hablando y riendo sobre ese momento.

Después de que me fui de México, visité a mi amigo algunas veces, y pensé que estaba feliz de que me estuviera yendo bien en Estados Unidos, como yo lo estaba cuando él me hablaba de lo que estaba haciendo bien en México. Hablamos sobre cómo estábamos cada uno, y le conté sobre mis logros. Oye amigo!, aprendí inglés. Puedo comunicarme muy bien en los Estados Unidos. Amigo!, ¿adivina qué? Fui a la escuela, y ahora sé cómo instalar cables eléctricos en cualquier casa; hey amigo!, tengo una licencia de conducir en los Estados Unidos. Estábamos compartiendo nuestros logros mutuos hasta que un día, me dijo Oye, detente ahora mismo. Estoy cansado de escucharte lo que estás haciendo en los Estados Unidos; tú y yo somos diferentes; somos de otros mundos ahora; mírate; o estás bendecido o maldecido. No sé cuál todavía, pero creo que estás maldecido; creo que vendiste tu alma al diablo, todo te fue dado, todo es muy fácil para ti porque tienes suerte y yo no, así que no quiero escuchar más lo que estás haciendo allí ¿está claro?.

Casi lloré cuando escuché que pensaba que todo era fácil para mí, pero él no estaba allí cuando tuve que mudarme solo. No estaba allí cuando no podía pedir la comida que quería, y tenía que comer lo que la persona frente a mí estaba ordenando incluso si no me gustaba porque no podía pedir lo que quería. No estaba allí cuando no tenía a nadie con quien hablar sobre cómo me sentía solo, y no estaba allí para saber que no era solo suerte. Aun así, hay sacrificios y trabajo duro, y él no estaba allí para entender que cada uno de nosotros fabricamos nuestra propia suerte haciendo muchos sacrificios y soportando mucho dolor que la mayoría de la gente tiene miedo de hacer. Pero aprendí una lección de esto: no importa cuán cercano estés a alguien; es posible que no se sientan emocionados por tus logros. A veces, es mejor guardártelo para ti mismo.

TUS LOGROS 3

Mantener tus logros cerca y la boca cerrada es humilde. Cuando celebras la autopromoción, hay una necesidad constante de validación, y quieres que otros sepan lo grandioso que eres, pero la verdad es que a nadie le importará lo alto que llegues a menos que, de alguna manera, ellos también se beneficien.

La humildad es una virtud que anima a las personas a reconocer sus fortalezas y éxitos mientras permanecen modestas y sin pretensiones. La gente puede encontrarte arrogante si siempre hablas de ti mismo, así que si quieres mantener un ambiente saludable en el trabajo y con amigos cercanos, ten cuidado con cómo expresas tus logros.

Las competiciones a veces pueden inspirar, pero también pueden llevar a comparaciones poco saludables y a un ambiente competitivo negativo. Cuando las personas constantemente hablan de su éxito, puede crear un ambiente donde otros se sientan obligados a estar a la altura, potencialmente fomentando el resentimiento o la envidia.

Uno de mis logros más significativos hasta ahora fue cuando me uní al ejército de los Estados Unidos en 2020, justo después de que ocurriera el COVID-19, pero no todas las personas pensaron que esta era una buena idea. Siempre he admirado a los soldados en todo el mundo porque ponen sus vidas al frente para defender a sus países y seres queridos, sin hacer preguntas.

Un día estaba en una tienda comprando ropa cuando de repente comenzó a temblar, mucha gente entró en pánico, incluido yo, porque pensé que iba a ser un gran terremoto. Rápidamente, algunos soldados estadounidenses que estaban cerca comenzaron a darnos instrucciones para que no entremos en pánico y mantengamos la calma mientras nos dirigíamos a un lugar más seguro.

Inmediatamente, la gente comenzó a seguir sus instrucciones, y todos nos sentimos más relajados porque nos sentíamos protegidos por éllos. En ese momento, supe que quería que las personas a mi alrededor también se sintieran protegidas y que quería ser un soldado estadounidense; cuando compartí esto con mi familia, muchos de ellos no estaban contentos, especialmente algunos tíos y tías que intentaron convencer a mi mamá y papá de que unirse al ejército era una mala idea, dijeron algo así como no dejes que Geo se una al ejército, tienen que usar drogas para mantener el duro entrenamiento. Una vez que prueban esta droga, se vuelven adictos.

Cuando mi mamá me trajo esta idea, le pregunté si conocía a alguien en el ejército que pudiera confirmar esta idea, pero ella respondió no, no lo sé. Luego, cuando mi mamá vio lo que aprendí en el ejército, estaba muy feliz de que me hubiera unido. Le dije a mi mamá que no creyera las palabras de otras personas si nunca habían experimentado algo en persona y que no creyera todo lo que le dicen. Los rumores y las teorías son fáciles de compartir, pero guardar silencio sobre algo que no sabemos es difícil. Hablaremos más sobre esto en el capítulo 9. Querido lector, esta es la actividad para este capítulo: Pon los nombres de tres personas a las que admires y tengas contacto con ellas, luego pídeles un consejo que halla cambiado sus vidas; después del nombre, pon el consejo que te dan. Luego, pon los nombres de tus tres escritores, cantantes, actores o científicos favoritos, que aún esten vivos. Escríbeles una carta y pídeles consejo sobre cómo tener éxito como ellos en su área. Experimentarás emociónes al hablar con personas desde diferentes perspectivas y quizá te lleves una gran sopresa si te responden. A la gente le gusta hablar no tengas miedo de pedir consejos.

PERSONAS QUE CONOSCO Y ADMIRO:

1.

2.

3.

PERSONAS QUE ADMIRO POR SU TRABAJO:

1.

2.

3.

TUS LOGROS 4

Ir a la escuela puede ser algo esperado para algunas personas pero diferente para otras. Para mí, fue complicado ir a una escuela donde el único idioma hablado era el inglés porque no podía entender nada durante casi seis meses.

En los Estados Unidos de América, existen muchos programas excelentes que pueden ayudarte a tener éxito si tienes el coraje y la determinación necesarios para hacerlo. Uno de estos programas más fantásticos es una escuela llamada Job Corps, que es el programa de carrera a nivel nacional más extenso para ayudar a jóvenes de 14 a 24 años; les permite a las personas terminar la educación secundaria y los entrena para carreras significativas, y también, cuando se gradúan, este equipo puede ayudarte a encontrar un excelente trabajo en tu ciudad natal o donde decidas mudarte. En 2013, tuve esta gran oportunidad cuando uno de mis amigos me habló de un lugar donde podría aprender inglés y, al mismo tiempo, tener una carrera significativa. Inicialmente elegí electricista como mi trabajo, lo cual fue complicado debido a la barrera del idioma. Sin embargo, estaba aprendiendo inglés y cada día entendía más y más. Le hablé a mis amigos sobre esta escuela, pero me dijeron que estaba loco, que no existía un programa que ofreciera todas estas cosas geniales de forma gratuita. Cuando insistí, me dijeron que me enfocara en encontrar un buen trabajo y no molestar a otras personas que buscaban un futuro mejor; me dijeron que les tenía envidia porque no hablaba inglés, y ahora, estaba tratando de bajarlos al mismo nivel en el que estaba, fue entonces cuando entendí que debía mantener la boca cerrada cuando nadie me pidiera ayuda o podría arruinar una buena amistad. Mientras tanto, cuando estaba en el programa de Job Corps, surgió una oportunidad para seguir con la formación en electricidad justo a nuestro lado; podíamos elegir entre instalaciones subterráneas y paneles solares. Tres amigos y yo fuimos seleccionados para ir a un programa avanzado en Puerto Rico para la formación en paneles solares que duró unos ocho meses. Sin embargo, enfrentamos un problema: el programa en Puerto Rico ya había comenzado y no podían aceptar más estudiantes durante los próximos meses. Para ese momento, habríamos terminado el programa en Job Corps y probablemente nunca habríamos tenido la oportunidad de hacer este programa nuevamente. Intentamos comunicarnos con los directores de la escuela en Puerto Rico, pero solo podíamos hacerlo por correo electrónico debido a la diferencia horaria, y solo teníamos una semana para ser aceptados o rechazados; recibimos un correo electrónico por día, lo que no nos ayudó en absoluto, el tercer día nuestro consejero nos dijo que era imposible estar listos para ese programa, no teníamos tiempo ni experiencia para llegar a tiempo. Un amigo y yo discutimos lo que significa "imposible"; es posible desde el interior o "I'm-possible", así que partimos de ahí. Comenzamos a recopilar todos los proyectos que necesitábamos para terminar el programa y todas las firmas para que fueran legítimas. Después de eso, como nos dijeron que no nos comunicáramos con la escuela en Puerto Rico, buscamos el número de teléfono del director y los llamamos más de unas pocas veces hasta que respondieron. Hablamos con el director y explicamos que queríamos ingresar al programa de paneles solares, la energía del futuro en la que queríamos participar. Después de que hablaron con cada uno de nosotros, decidieron que nos darían una oportunidad y nos dejarían ingresar al programa, pero esto casi se cancela porque no pudimos mantener la boca cerrada de inmediato después de hablar con los directores en PR fuimos y le dijimos a nuestra supervisora que los contactamos. Aun así, estaba muy enojada. Nos dijo que no podíamos hacer eso, que ya nos había dicho que no podíamos ingresar al programa. Intentó cancelarnos, pero tuvimos suerte de que nuestra instructora fuera una gran persona. Habló con los directores de nuestra escuela y les explicó que seríamos los primeros estudiantes transferidos de este programa, lo que podría abrir la puerta para futuros estudiantes. Les gustó que estuviéramos en el periódico escolar ese día. Pero recuerda que en situaciones críticas que pueden cambiar tu vida o brindarte una mejor oportunidad, debes ser muy selectivo al abrir la boca porque esto podría cambiar toda la situación.

TUS LOGROS 5

La gente generalmente quiere que hagas algo todo el tiempo. El tiempo es uno de nuestros regalos más preciados; la familia, la salud y la paciencia son otros.

La escuela fue una de las partes más estresantes de mi vida, especialmente durante la universidad. Encontré un trabajo a tiempo parcial durante la universidad como aprendiz de electricista en la escuela; si tenía dos horas entre clases, trabajaba esas dos horas y luego regresaba a clase. Sentía que el tiempo escolar nunca terminaba porque si no estaba en el trabajo, estaba en clases o tenía suficiente tarea, incluso los fines de semana. Cuando sentía que me estaba poniendo al día, los exámenes estaban a la vuelta de la esquina, así que tenía que estudiar por la noche. A veces intentaba estudiar todo el día del sábado, pero después de 8 horas, no había logrado nada, solo pensaba que tenía un examen el próximo lunes.

Buscaba diferentes métodos de aprendizaje. Las personas aprenden de otras maneras, como leyendo, viendo o practicando, y escribiendo. Decidí probarlos, y quería escribir una guía de estudio antes del examen para poder estudiar a partir de ahí.

Tenía 12 páginas de escritura para algunas clases, así que reescribí cuatro páginas para crear una guía de estudio y luego estudié desde allí. Si tenía un examen el martes, me habría dado tres días para completar la guía, pero cuando comencé el sábado por 6 o 7 horas, solo logré hacer 1 página, y los otros dos días simplemente pasaron. No sé cuántos de ustedes se sienten así en la escuela, pero es terrible.

La gente a mi alrededor no sabe cómo se siente estar bajo esa presión. Habría abandonado la universidad un semestre antes de terminar porque la presión era demasiado fuerte, y pensé que ya no podía manejarlo, pero de alguna manera, terminé con la ayuda de algunos profesores. Mucha gente a mi alrededor se preguntaba cuándo empezaría a trabajar cuando me graduara porque tíos y familiares no podían esperar a que empezara a trabajar. Tuve que decir en mi fiesta de graduación que tomaría cuatro meses de descanso antes de comenzar a buscar trabajo para relajarme un poco después de haber logrado mi objetivo de graduarme de la universidad. Todos estarían felices de escuchar eso, pero fue lo contrario. Familiares y amigos le dijeron a mis padres de inmediato que no deberían pagar por comida o cualquier factura para mí ahora que me gradué y que necesitaba comenzar a buscar trabajo de inmediato y guardar dinero para comprar una casa. Además, tenía que empezar a pagar mis préstamos estudiantiles. Pensé que la próxima vez que pensara que alguien estaría de acuerdo con mis decisiones sobre mi vida, debería mantener la boca cerrada porque, en lugar de estar felices, pueden complicar las cosas aún más.

TUS SENTIMIENTOS 1

"Los sentimientos más profundos siempre se muestran en silencio." – MARIANNE MOORE

FELIZ

¿Alguna vez has escuchado la frase "no prometas cuando estés feliz"? Bueno, esto es cierto; supongo que el creador de esta frase conocía la importancia de esa frase, y es porque una promesa es algo que estás dispuesto a cumplir pase lo que pase. Las emociones pueden hacernos sentir diferentes en el momento, y a veces, si estamos felices, podemos prometer algo que luego no podemos cumplir, pero parece que será fácil.

Cuando estaba en el entrenamiento básico en el ejército, intentaba concentrarme solo en terminar las tareas que los sargentos instructores me decían para no meterme en problemas o poner en problemas a mis compañeros de batalla. Los días eran muy largos; nos levantábamos a las 4 o 5 de la mañana y comenzábamos a prepararnos de inmediato para hacer algún ejercicio que a veces duraba hasta las 6:30 am. Luego íbamos a desayunar. Era la mejor parte del día porque el desayuno siempre estaba delicioso; después nos duchábamos para prepararnos para el día, y parecía que terminábamos el día alrededor de las 7:30 am, pero la verdad era que el día apenas estaba comenzando.

Esta rutina era todos los días excepto los fines de semana, cuando teníamos dos horas más para dormir.

Pensé que siempre sería así, pero luego empecé a conocer a personas que serían mis amigos para siempre, pase lo que pase. Me sorprendió cuando conocí a una luchadora profesional de MMA en mi unidad. Era muy popular, y todos iban a su alrededor para preguntarle cómo era la vida como luchadora profesional an la MMA. Es una persona muy amable, cuando la conocí; supe que seríamos buenos amigos.

 Me alegró hacerle más preguntas, y ella me mostraba cómo era la vida en su mundo, así que le prometí que cuando termináramos el entrenamiento básico, la visitaría. Vivo en Minnesota, y ella es de California, casi al otro lado del país, así que no estaba pensando claramente cuando le hice esta promesa. Salimos, y tuve que volver a la universidad y cuando su cumpleaños estaba a una semana de distancia, simplemente le dije, lo siento, amiga, pero no podré ir a tu cumpleaños este año, ella respondió lo sabía, y ahora sé que tu palabra no significa nada. Eso fue todo. No hemos vuelto a hablar desde entonces.

Querido lector, si estás feliz, piensa cuidadosamente antes de abrir la boca para hacer una promesa. Puedes perder una bonita amistad como yo porque no mantuve la Pboca cerrada. Así que no prometas cuando estés feliz.

TUS SENTIMIENTOS 2

TRISTE

La tristeza es un sentimiento cuando no quieres hablar con nadie. Puedes escuchar música triste, quedarte en tu habitación y a veces llorar. Esto podría suceder por muchas razones, pero sea cual sea la razón, no quieres decírselo a nadie.

Donde crecí, la gente se burlaba constantemente de los demás, y tienes que aprender a vivir con eso; la edad no importa. Mientras no haya agrecion física, está bien para todos. La mayor parte del tiempo, estaba riendo y feliz, pero cuando estaba triste, no se lo decía a nadie; si la gente en mi pueblo supiera que me sentía mal o estaba infeliz, usarían eso nuevamente para hacerme sentir peor. Esto podría sonar como la ciudad equivocada para vivir, pero es bastante buena porque es una ciudad pequeña con alrededor de cinco mil personas. La gente te ayudará sin hacer preguntas; son muy amables. Supongo que la agresión y el bulling es algo común entre amigos, aunque a veces no sepamos que estámos dañando o hiriendo de alguna forma a nuestros amigos.

¿A quién no le gusta pasar el rato con amigos? Solía hacer todo con amigos; íbamos a conciertos, fiestas y a la escuela juntos. Esto cambió para mí cuando conseguí una novia porque ahora mi tiempo era con ella en lugar de con mis amigos. Aunque quería pasar más tiempo con amigos, no fue fácil para mí elegir. Bueno, siempre estaba con mi novia, y mis amigos solían burlarse de mí cuando pasaban. Estaba con ella; me gritaban, diciendo ¡Oye, Geo, te veremos en la fiesta esta noche después de que salgas de ahí!, y mi novia solo se preguntaba qué estaba pasando. Le dije que hacían esto para molestarme. Cuando rompimos, estaba triste, y pensé que era una buena idea hablar con mis amigos al respecto; de todos modos, se enterarían en algún momento, pero lo que me hicieron me dolía aún más cada vez que pasábamos por su casa, ellos gritaban en su casa ¡oye! ¡Geo está aquí y quiere hablar contigo!, pero esto no era verdad. Me sentí horrible y asustado de pasar por su casa con amigos porque me hacían sentir incómodo. Algunas personas dicen que tus verdaderos amigos son aquellos con los que puedes bromear y hacer cualquier cosa y seguir siendo amigos. Creo que eso es cierto. Si tienes amigos como los míos, deberías mantener la boca cerrada.

TUS SENTIMIENTOS 3

ENOJADO

Los tropiezos a veces pueden estar en contra de nosotros si permitimos que manipulen la situación y actuemos sin pensar.

La ira es uno de los sentimientos más peligrosos porque es cuando podemos actuar de manera más agresiva con las personas o decir cosas que no queremos decir. No pensamos en ello y actuamos. Nuestro cerebro deja de funcionar lógicamente y nos dice que actuemos por instinto para sobrevivir a cualquier situación en la que estemos y defendernos ahora mismo.

Cuando te enojas, ese es uno de los mejores momentos para mantener la boca cerrada porque podrías arrepentirte de lo que dijiste, pero podría ser demasiado tarde para solucionarlo.

Esto le sucedió a mi hermano, quien consiguió un excelente trabajo donde podía aprender habilidades valiosas detallando casas por dentro y por fuera. Ese era un trabajo difícil de conseguir porque las personas suelen pedir algo de experiencia, y muy pocos están dispuestos a enseñarte el trabajo desde el principio; a veces, los empleadores arriesgan el tiempo que tardarás en dejar el trabajo una vez que sepas todo y tal vez seas competencia para la empresa. Mi hermano acordó un salario inicial, y todo estaba bien. Estaba empezando a obtener más experiencia y comenzó a asumir más responsabilidades, y después de un tiempo, acordaron un aumento en el salario. Después de algún tiempo, otro trabajador comenzó el mismo trabajo, y ahora eran tres personas, incluido mi hermano. Un día, el empleador le dijo a mi hermano que fuera a terminar un trabajo con su compañero de trabajo. Estaban trabajando cuando el propietario de la casa les dijo cuánto estaba cobrando el empleador por cada uno de ellos, y esto causó algunas preguntas entre mi hermano y su compañero de trabajo; se preguntaban si deberían hablar con su empleador y preguntarle sobre la diferencia que él estaba cobrando por ellos. Un día, hablaron con su empleador y dijeron algo como esto: oye, hablamos con el dueño de la casa que nos enviaste, y nos dijo cuánto estabas cobrando por nosotros, y queremos el resto del dinero; el empleador no estaba de buen humor y los miró y les dijo, les estoy pagando lo que acordamos antes y si no les gusta, pueden irse hoy. Bueno, mi hermano y sus compañeros de trabajo tampoco estaban de buen humor, y dijeron OK, si eso es lo que quieres, haremos eso, ya desde mañana no venimos a trabajar.

Aquí sucedieron algunas lecciones útiles: mi hermano no debería abrir la boca de esa manera porque su empleador le estaba pagando lo que acordaron, y el resto no debería ser asunto de mi hermano; lo que su empleador cobra por él no debería importar porque ese es su negocio, no el de mi hermano. Otra cosa que sucedió fue que mi hermano perdió un buen trabajo donde estaba aprendiendo buenas habilidades porque no mantuvo la boca cerrada.

YOUR FEELINGS 4

MIEDO

Cuando tienes miedos, es mejor no decirle a nadie, principalmente porque hablar de ellos es como admitir que algo te asustó. Se vuelve más realista, lo que podría hacerte sentir más asustado.

Cuando éramos niños, a veces la gente e incluso nuestros padres intentaban asustarnos si no hacíamos algo que querían, como comer nuestras verduras o irnos a dormir temprano.

Cuando éramos niños, mi primo y yo solíamos asustarnos mutuamente con historias espeluznantes que escuchábamos de la gente o a veces creamos nosotros mismos para asustarnos. Teníamos una prima mayor que siempre se sentaba con nosotros, y le gustaba cuando íbamos a su casa, que estaba a 10 minutos a pie de nuestra casa. Por la noche, cuando estábamos en su casa escuchando sus historias, le rogábamos que viniera con nosotros porque si no lo hacía, nos pasaría algo terrible después de escuchar sus historias. Le gustaba usar algunas cosas mágicas que sucedían en nuestro pueblo o cerca de él. Veamos algunos de ellos. Comenzó: Oye, ¿escuchaste lo que le pasó a los hombres que viven en el invernadero junto a mi casa? No, no escuchamos nada. Este tipo estaba buscando un tesoro en la montaña, y había una cueva. La gente le dijo que no importaba lo que hiciera, nunca debía entrar en la cueva, pero este tipo lo hizo, ¿y adivina qué pasó? ¿Qué pasó? Bueno, encontró un tesoro, pero cuando intentó agarrarlo, aparecieron unos elfos, y le dijeron que este tesoro es suyo, pero queremos algo de ti. Queremos dos niños, tráelos, y todo este tesoro será tuyo. Chicos, este tipo está buscando a los dos niños que piden los elfos, y los niños tienen que tener tu edad, así que si ven a este tipo, no se acerquen a él porque los llevará con los elfos, y nunca volverán. Después de escuchar esta historia, mi primo y yo no podíamos llegar solos a nuestra casa porque teníamos miedo de este hombre. Un día, le dije a mi primo qué tipo de cosas me daban más miedo, y él le dijo a su hermana y su hermana a nuestra prima mayor, así que ella usó esto para asustarnos más. A veces, incluso comenzábamos a llorar hasta que ella nos ayudaba a llegar a casa con seguridad. A veces tenemos miedo de las cosas, pero si no quieres que la gente use esto en tu contra algún día, querido lector, es mejor mantener la boca cerrada.

TUS SENTIMIENTOS 5

ANSIEDAD

Cuando sientes ansiedad puede ser perjudicial, tienes la sensación de que debes llegar a algún lugar rápidamente, pero ni siquiera sabes por qué. Si estás conduciendo, quieres llegar al destino pero no sabes por qué. A veces, sientes que tienes que resolver los problemas de otras personas.

Mi mamá siempre dijo que era mejor evitar cualquier discusión e intentaba siempre resolver los problemas en nuestra familia. Mi mamá tiene cinco hermanos, y a veces actúa como la jueza entre sus dificultades. Un día, dos de sus hermanas, Sofía y Margarita, la mayor y la más joven, discutieron sobre las hijas de Margarita, Raquel y Karol. Mi tía Sofía le estaba diciendo a mi mamá que Raquel había tomado algunas ropas de su casa y aún no las había devuelto; mi mamá le preguntó si la había visto tomarlas y mi tía dijo que no, pero que ella fue la única que entró a la casa ese día que se perdieron, así que mi mamá le dijo que no, que Raquel no las tomó, fue Karol. Sé que fue Karol porque también tomó algunas de las ropas para mi hija y aún no las ha devuelto. Mi tía Sofía le dijo a mi mamá: "OK, ya sabes quién lo hizo. Dile a Margarita quién lo hizo para que puedan arreglar el problema"; mi mamá no lo hizo.

Entonces, los rumores se extendieron de que mi mamá estaba diciendo algo sobre sus sobrinas. Después de eso, mis tías Sofía y Margarita estaban enojadas con mi mamá. No le hablaron por un tiempo porque mi mamá estaba tratando de resolver problemas que no le correspondían. Creo que mi mamá debería haberle dicho a mi tía Sofía de inmediato que si sospechaba algo, debería ir y hablar directamente con la persona que sospechaba y no involucrarse con otros. Tal vez si lo hubiera hecho, el problema no sería tan grande.

TUS SENTIMIENTOS 6

ORGULLO

Por lo general, los padres se sienten orgullosos de sus hijos cuando logran algo, como terminar la escuela secundaria, obtener un título universitario o casarse. A veces, les gusta compartir este sentimiento con otros, pensando que también lo verán de esa manera.

Mi papá a veces me dice lo orgulloso que se siente de mí por hacer algo, pero lo hace incluso cuando le pido que no comparta lo que hice con otros. Pero a veces, cuando veo a estas personas a las que mi papá les habló de mí, vienen a mí y me dicen algo así como "oye, Geo, ¿por qué caminas así? ¿Por qué crees que eres mejor que nosotros solo porque hiciste lo que tu papá nos dijo? Te lo diré, Geo, no eres superior a nosotros, así que no camines así delante de mí, ¿ok?". Me quedé sin palabras cuando escuché cosas así porque ni siquiera intenté caminar de manera diferente; después de escuchar esto de un miembro de la familia, intenté caminar normalmente a su alrededor y terminé caminando de manera más incómoda. Le dije a mi papá que no dijera cosas a la gente porque no todos lo verían como lo ve mi papá.

Querido lector, esta es la actividad para este capítulo.

Escuchemos la mejor canción motivadora durante 15 minutos, ya sabes, luego anota tres metas para fin de año que se te ocurrieron justo después de eso. Algunas personas famosas dicen que si crees que puedes lograr una meta en un año, te llevará un año, pero si piensas que la misma meta, te llevará tres meses, entonces te llevará tres meses, así que no pospongas tus metas y comienza hoy.

TUS SENTIMIENTOS 7

AYUDA

Si puedes ayudar a alguien, no se lo digas. Mantén la boca cerrada y ayuda a alguien sin comunicarlo, especialmente a las personas a las que estás tratando de ayudar. Veamos esta historia, que muestra la verdad y cómo tus palabras pueden herir a otros incluso si intentas ayudarlos.

En una noche fría, un hombre rico encontró a un hombre mayor pobre que no tenía ningún lugar donde ir o dormir; el hombre rico le preguntó, ¿no tienes frío afuera sin abrigo? El hombre mayor respondió: sí, estoy afuera sin abrigo, pero estoy acostumbrado. Entonces el hombre rico dijo: espera aquí por mí, voy a entrar a mi casa y te traeré un abrigo cálido y bonito. El hombre mayor estuvo de acuerdo y dijo sí señor, estaré esperando aquí. El hombre rico entró en su casa y comenzó a hacer cosas que no completó en el trabajo y se olvidó del hombre mayor. Al día siguiente, recordó al hombre mayor, y salió a buscarlo, pero lo encontró muerto por el frío, pero en sus manos, el hombre mayor tenía una nota. "Cuando no tenía ropa abrigada, tenía la fuerza para luchar contra el frío porque estaba acostumbrado, pero cuando prometiste ayudarme, me aferré a tu promesa, y eso me quitó mi poder de resistencia".

Querido lector, ¿puedes decir la moraleja de esta historia? "No prometas nada si no puedes cumplirlo; puede que no signifique nada para ti, pero podría significar todo para alguien más". Para este punto, aprenderás que a veces es mejor estar callado y que no todo necesita ser dicho. Además, el silencio es mejor que el drama innecesario. Si puedes evitar el drama innecesario, tu vida y tus relaciones mejorarán. Cuando tus sentimientos están a flor de piel, piensa en lo que vas a decir antes de decirlo. No querrás decir algo que te pueda traer problemas más tarde.

TUS SUEÑOS 1

"Aprendiste las tres cosas más grandes en la vida: Nunca digas todo lo que sabes y mantén la Pboca cerrada".

A veces, queremos comunicar algo, pero nos comunicamos mal. Cuando estás trabajando en tus sueños y buscando a la persona que puede ayudarte a construirlos, tienes que tener cuidado al compartir tus ideas porque si usas las palabras incorrectas, esa persona que podría ayudarte podría huir. No tendrás otra oportunidad de hablar con esa persona, así que si no estás listo para comunicar correctamente tus ideas de sueños, es mejor mantener la boca cerrada.

Esta es una historia de un rey y aquellos que pueden interpretar sueños. El rey un día tuvo un sueño donde perdía todos sus dientes, así que le preguntó a uno de los consejeros del rey qué hacer; el consejero le dijo que llamara al hombre que puede interpretar sueños, así que eso es lo que hizo el rey. Cuando el hombre llegó al reino, el rey le contó su sueño; soñé que perdí todos mis dientes. Dime qué significa esto. Después de pensar un poco, el hombre dijo, mi rey, tengo malas noticias para usted; su sueño significa que verá cómo toda tu familia muere individualmente. Al rey no le gustó esta interpretación, y le dijo a uno de los guardias que llevara a este hombre afuera y lo ejecutara. Después de eso, el rey pide a otro hombre que pueda interpretar sueños, y el rey le cuenta su sueño; el intérprete de sueños piensa un poco, y le dice al rey. Majestad, tengo excelentes noticias para usted: su sueño significa que vivirá más que toda tu familia. El rey pensó brevemente y le dijo a uno de los guardias que llevara a este hombre afuera y le diera 60 monedas de oro. Si analizamos a los dos hombres, le dieron al rey la misma interpretación; ¿por qué uno de ellos fue ejecutado y el otro recompensado? Fue simple: uno hablaba de la muerte y el otro hablaba de la vida. Ambas respuestas corresponden a la misma interpretación, pero debemos ser como el segundo hombre y hablar sabiamente al comunicar nuestras ideas y sueños.

Me gusta apostar, y uno de mis sueños es tener un casino algún día; esta idea no estaba lista aún, y no lo pensé cuando la compartí con alguien que podría ayudarme a conseguir las conexiones para abrir un casino. Mi mentor, que también fue mi profesor en la universidad, siempre me ha animado a seguir mi sueño y que todo es posible; necesitas conocer a las personas adecuadas y partir de ahí. Tengo una relación perfecta con este profesor, y me ayudó con algunas de las ideas locas que tengo que no suenan demasiado locas para él. Decidí compartir esta idea de casino con él así. Profesor, estoy trabajando en algunos diseños para un casino cerca de Utah (en Utah, los casinos son ilegales). Quiero ofrecer todo tipo de alojamientos para los clientes, como una piscina, bares para tomar algo, habitaciones de hotel agradables, un restaurante con recetas mexicanas, y un gran ambiente donde la gente pueda ir y gastar su dinero. Todo estaba bien hasta que dije, "donde la gente gasta su dinero". Entonces, el profesor me hizo más preguntas sobre la idea, y mis respuestas no lo convencieron de que fuera una buena idea. Me dijo que todas tus ideas anteriores eran sobre ayudar a las personas. Parece que estás buscando algo donde la gente pueda ir, ¿y por qué no arruinar sus vidas? No puedo ayudarte con esta idea, y no puedo recomendar ninguno de mis contactos para tu idea. No estaría feliz sabiendo que ayudé a alguien cuya idea es aprovecharse de los demás. Algunos consejos son: "No te cases con una idea porque esta podría no ser la mejor idea, lo cual también está bien." Después de eso, no hablamos tanto como antes, y reflexioné que estaba muy emocionado cuando se lo compartí. Ni siquiera pensé en el poder de las palabras que podrían salir de la boca. Mi idea original era construir un lugar donde la gente pudiera pasar un buen rato y olvidarse del trabajo y el estrés durante algunos fines de semana para que pudieran volver al trabajo frescos y llenos de momentos emocionantes que habían tenido con sus amigos y familiares. Lo hice sonar diferente porque no estudié la situación antes de hablar. Por eso, ahora si quiero compartir un sueño o una idea, primero mantengo la boca cerrada y luego reflexiono sobre cómo lo compartiré con las personas adecuadas cuando tenga el momento adecuado para hacerlo.

TUS SUEÑOS 2

A veces, queremos compartir nuestros sueños con otros; estos son los que queremos perseguir, y pensamos que otras personas se beneficiarán del mismo camino, y queremos animarlos a seguirnos o hacer lo mismo que estamos haciendo. Esto me pasó cuando iba a comenzar la escuela, y quería que algunos de mis primos se unieran a mí, pero no tenían la misma perspectiva sobre esa escuela que yo; en este caso, sería mejor para mí mantener la Pboca cerrada en lugar de intentar convencerlos de que también era una excelente oportunidad para ellos.

Cuando acababa de llegar a los Estados Unidos, una oportunidad llamó a mi puerta: ir a la escuela donde podría aprender un oficio como electricista, y al mismo tiempo, iba a aprender inglés. Todo era gratuito en alguna asociación gubernamental escolar llamada Job Corps. Esto, para mí, era una oportunidad formidable, y quería compartirla con algunos de mis primos que llevan aquí alrededor de nueve años. Aun así, me dijeron que tal escuela no existía aquí, que esto debía ser algún truco o información falsa que conseguí de alguien. Compartí la idea con tres primos que viven en diferentes estados. Los tres llegaron a la misma conclusión; uno de ellos me dijo, sigue adelante y avísame cuando realmente estés en la escuela, pero hasta entonces, no me molestes con algunos sueños estúpidos y fantasías que tienes en tu mente, guarda esa tontería para ti.

Una vez en la escuela, intenté nuevamente comunicarme con mis primos, y quería convencerlos de que se unieran a mí, diciendo que era real y que también podrían beneficiarse. Otro me dijo; estoy ganando más dinero que tú y seguire ganando mas una vez que dejes tu estúpida escuela. El último me dijo; ya sé inglés; he estado aquí durante más años que tú. ¿Crees que he estado perdiendo el tiempo como tú lo estás haciendo ahora en esa escuela? Tal vez en el futuro tengas cosas mejores que hacer que perder el tiempo.

Todas las respuestas que me dieron fue para que los dejara en paz; no participarían en la escuela ni escucharían mis grandes historias; la verdad es que no les importaba en absoluto nada de lo que estaba haciendo, y lo mejor que podía hacer era mantener la boca cerrada y hacer lo que creía que era bueno para mí, pero hacerlo en silencio.

TUS SUEÑOS 3

Estoy seguro de que muchos de nosotros soñamos algún día con tener un negocio donde podamos ser nuestros jefes y elegir nuestros horarios de trabajo. Yo tenía este sueño cuando tenía 12 años, pero como no tenía ningún ingreso, no era fácil empezar a construir algo. No fue hasta los 17 años que comencé a obtener algún ingreso, pero tenía otras posesiones que podían proporcionarme dinero, como una cadena de oro que podía vender por efectivo.

Mi hermano me vendió esta cadena un día, y quería comenzar algo, así que vi la oportunidad de comenzar algo por mí mismo. Cuando vendí la cadena, compré una máquina de lavado a presión para comenzar un lavado de autos en mi pueblo.

Cuando mi mamá me preguntó qué había pasado con la cadena y le expliqué por qué la vendí, se enojó; ella me dijo que me la compraría, pero le dije que quería hacer algo por mí mismo y que era mi inversión y mi riesgo para comenzar un negocio y quería decidir por mí mismo. Mi tía estaba escuchando la conversación, y no importaba lo que dijera o explicara a mi mamá, le hice entender que mi idea era complicada. Cuanto más hablaba, más confundida estaba ella. En este punto, debería haber mantenido la boca cerrada y no haber explicado más porque las conversaciones se estaban poniendo aterradoras con preguntas como ¿debes dinero a alguien? ¿Estás en algún negocio ilegal que debería saber? Luego, mi tía le dijo a mi mamá que me estaba volviendo loco. Las cosas que dije, como que quería comenzar un negocio, no tenían sentido para mi tía, y le dijo a mi mamá que estaba escondiendo algo más significativo y seguramente estaba usando drogas. Pero aprendí que a veces, si no puedes explicar tu idea a alguien y no vas a ningún lado, es mejor dejar que la otra persona hable y estar de acuerdo con ellos; lo mejor para nosotros es mantener nuestra boca cerrada y decirle a la persona que está tratando de cambiarnos de opinión que apreciamos su opinión y que vamos a tener en cuenta lo que nos están diciendo.

YOUR DREAMS 4

La gente siempre te dirá lo que puedes y no puedes hacer, pero la realidad es que te darán su opinión basada en lo que se sienten capaces de hacer ellos mismos, no en lo que tú eres capaz de hacer. Cuando compartas un sueño, ten cuidado con lo que estás escuchando y no dejes que las opiniones de otras personas se interpongan en el camino para alcanzar tus sueños; si la gente te dice que es imposible hacerlo, dite a ti mismo que es imposible hasta que alguien lo haga, "si alguien ya lo hizo, entonces yo puedo, y si nadie lo ha hecho aún, ¡yo sere el primero en hacerlo!"

Tenía algunos amigos brillantes. Uno de ellos se llama Robert, y desde que éramos niños, siempre tenía buenas explicaciones para todo y una manera de explicar las cosas como lo haría un científico. Podía confiar en él para contarle cualquier cosa, y él encontraba alguna forma de hacer que las cosas, ideas y proyectos sucedieran, o al menos eso pensaba. Cuando somos niños, no hay límites para nuestros sueños; podemos ser cualquier cosa, podemos volar, podemos tener superpoderes, podemos visitar las estrellas, y no pensamos en el peligro o lo imposible; solo en nuestra mente somos los mejores superhéroes que jamás hayan existido. Albert Einstein dijo: "La imaginación es más importante que el conocimiento." Si pudiéramos mantener esa mentalidad, creo que la gente sería más feliz y los trabajos serían mejores para todos porque estaríamos haciendo lo que nos hace felices. Por esta razón, nuestros trabajos se desempeñarían mejor y nuestras vidas serían mucho mejores.

Me gustaba mirar las estrellas y soñar que era un superhéroe y podía volar por todo el mundo. Discutí esto con mi amigo Robert; siempre pensaba que volar podría ser posible. Un día, se me ocurrió una idea: "ESCRIBIR UN LIBRO". Cuando le conté a Robert sobre mi idea, se rió y dijo que no podía escribir un libro. Me dijo que tenía que estudiar mucha gramática, puntuación y pronunciación. Dijo que sería imposible para mí porque no había nacido para escribir un libro, que mis calificaciones en literatura y la cantidad de dinero que tendría que invertir en un proyecto como este serían inmensas, y probablemente no vería ese dinero en toda mi vida. Nunca lo había visto hablar más seriamente antes, y como era más inteligente que yo, tenía que creer lo que decía. Además, se aseguró de que entendiera lo que trataba de comunicar y que nunca más hablara de esa idea. Después de contarme todo sobre por qué nunca sería capaz de escribir un libro y asegurarse de que entendiera, simplemente me reí y le dije que estaba bromeando y que sabía que escribir un libro sería imposible para alguien como yo, y me dije a mí mismo que mantendría la Pboca cerrada para mis sueños. En su lugar, trabajaría en silencio para perseguirlos. Casi creí lo que Robert me dijo ese día, pero luego decidí intentar algo que me daba miedo hacer.

Veinte años después de que Robert me dijera que nunca escribiría un libro, decidí hacerlo de todos modos; este es un libro sin experiencia en escritura, un libro para las personas que quieren tomar acción y hacer cosas sin experiencia, personas que no quieren esperar el momento perfecto para hacer cosas y perseguir sueños. Sueña en grande y comienza a trabajar por tus sueños hoy mismo; el momento ideal para planificar tus sueños es hoy; comienza donde estás y con lo que tienes ahora mismo. "Alguien con menos talento, contactos, dinero y posibilidades que tú está haciendo tu trabajo soñado en este momento."

Querido lector, comienza a trabajar en tus sueños ahora. Escribe algunos proyectos, ideas y sueños que quieras lograr en un cuaderno en blanco, ponles una fecha límite a cada uno y comienza a trabajar en ellos hoy. No tienes que renunciar a tu trabajo ni abandonar nada; encuentra 30 minutos diarios para trabajar en ese cuaderno.

Esta es la actividad y última actividad de este libro. Querido lector, cuelga en tu pared tus sueños para que los veas cuando te despiertes y antes de ir a dormir, luego prométete a ti mismo que trabajarás en esos sueños sin importar cuál sea tu situación actual, incluso si tienes miedo de hacerlo o si alguien ya te dijo que tu sueño es imposible para ti. Trabaja 30 minutos de lunes a viernes hasta lograrlos individualmente. Cuando alcances el primero, usa esa inspiración para ayudar a otros a hacer lo mismo con los suyos. Y eso es todo para esta actividad.

TUS SUEÑOS 5

Si sueñas con viajar, no se lo digas a nadie. Es mejor publicar fotos en otro lugar; la gente se burlará de ti si les dices que quieres ir a París o Tokio.

Esto me volvió a pasar porque no supe cómo mantener la boca cerrada, y pensé que la gente o los amigos me animarían a viajar, pero en cambio, se rieron de mí. Los acentos son diferentes dependiendo de tu estado en México; mi primer viaje fuera del estado de México fue a Jalisco cuando tenía 14 años.

Mi primo se casó con una chica del estado de Jalisco y me invitó a visitar. Cuando estuve allí y escuché a esta gente hablar con un acento diferente, estaba emocionado porque nunca había escuchado nada así. Estuve allí durante cinco días, pero esas fueron las mejores vacaciones de mi vida en ese momento. Mis primos y yo estábamos jugando a imitar el acento que acabábamos de escuchar unos días antes. La gente en mi pueblo se burlaba de nosotros porque estábamos tratando de usar diferentes acentos y hablando con otras palabras. Cuando le dije a la gente de mi pueblo que algún día iría a un país diferente, no esperaron ni un minuto para burlarse de mí; escuché cosas como, ¿crees que porque fuiste a una ciudad diferente, podrías ir a un país diferente? ¿Estás loco? El sol debio dañarte el cerebro. ¿Sabes cuánto dinero necesitas para viajar a la ciudad a la que fuiste? ¿Sabes siquiera cómo trabajar para ganar dinero? Si quieres viajar, debes ahorrar dinero durante unos 30 años. Geo, no seas estúpido. Toma estas vacaciones como algo que podrías hacer cada cinco años y deja de soñar cosas estupidas.

Escuchar todas estas cosas fue muy duro y llegue a pensar que tenían razón.

Siete años después, me mudé a Estados Unidos, y aún aquí, la gente me decía que solo porque vivía en EE. UU., ni siquiera pensara que viajar sería fácil. Mi primer país para visitar después de EE. UU. fue Japón; entonces la gente me dijo que tenía suerte de que mis padres pagaran por todas estas cosas, pero no sabían que no pagaron por mi viaje; yo lo estaba pagando, luego visité cuatro países en Europa: Italia, Francia, Portugal y España. Cuando viajé a estos países, estaba en la universidad y tenía un trabajo a tiempo parcial donde podía ahorrar dinero durante la escuela y viajar en vacaciones escolares. Luego fui a más países como Colombia, Canadá y Guatemala, y la gente de mi pueblo comenzó a pedirme recuerdos, fotos y consejos sobre cómo viajar.

Querido lector, no esperes mucho si planeas viajar. Toma las vacaciones que desees, ve a lugares diferentes, conoce gente nueva y come auténtica comida diferente. Lo peor que puede pasar si viajas es que ya no te guste estar en un solo lugar; te gustará estar en movimiento, e incluso eso es una ganancia, así que no esperes demasiado. Solo recuerda mantener la Pboca cerrada y perseguir tu sueños.

"La gente primero se reirá de ti, luego te cuestionará, y después te preguntará cómo pueden hacerlo ellos también."

www.ingramcontent.com/pod-product-compliance
Lightning Source LLC
Chambersburg PA
CBHW050109230526
45470CB00004B/1747